Inhaltsverzeichnis

AF203255

Mo denkt an seine Heimreise 2

V v 4

Sp sp 10

St st 14

Eu eu 18

ß 22

Das kann ich schon 28

Wörterliste 29

Ä ä 30

Ö ö 34

Ü ü 38

J j 42

Schreiben 48

Pf pf 49

ng 54

Lesen 58

C c 59

ck 63

Äu äu 67

nk 71

Schreiben 75

Qu qu 77

Lesen 82

X x 83

Schreiben 88

Y y 89

Das kann ich schon 94

Wörterliste 95

Mos Eltern wollen wissen, was Mo erlebt hat.

Mo schreibt seinen Eltern.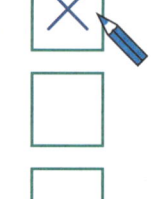

Mo schreibt Lisa.

Oma schreibt Mo.

Das sind Mos Eltern.

Das sind Mama und Oma.

Das sind Lisa und Ali.

Ich habe gesagt, dass ich bald nach Hause komme.

Comic zur Rahmenhandlung mit Mo und Lisa; zu zwei Bildern gibt es Auswahlsätze zum Ankreuzen

Ich habe tolle Sachen gesehen. Schade, bald muss ich nach Hause!

O Mo, ich will, dass du bleibst.

Bald muss Mo nach Hause.
Aber nicht sofort.
Es gibt noch einiges
zu erleben.

Mo fliegt morgen. ☐

Mo fliegt nicht sofort. ☐

Mo ist schon zu Hause. ☐

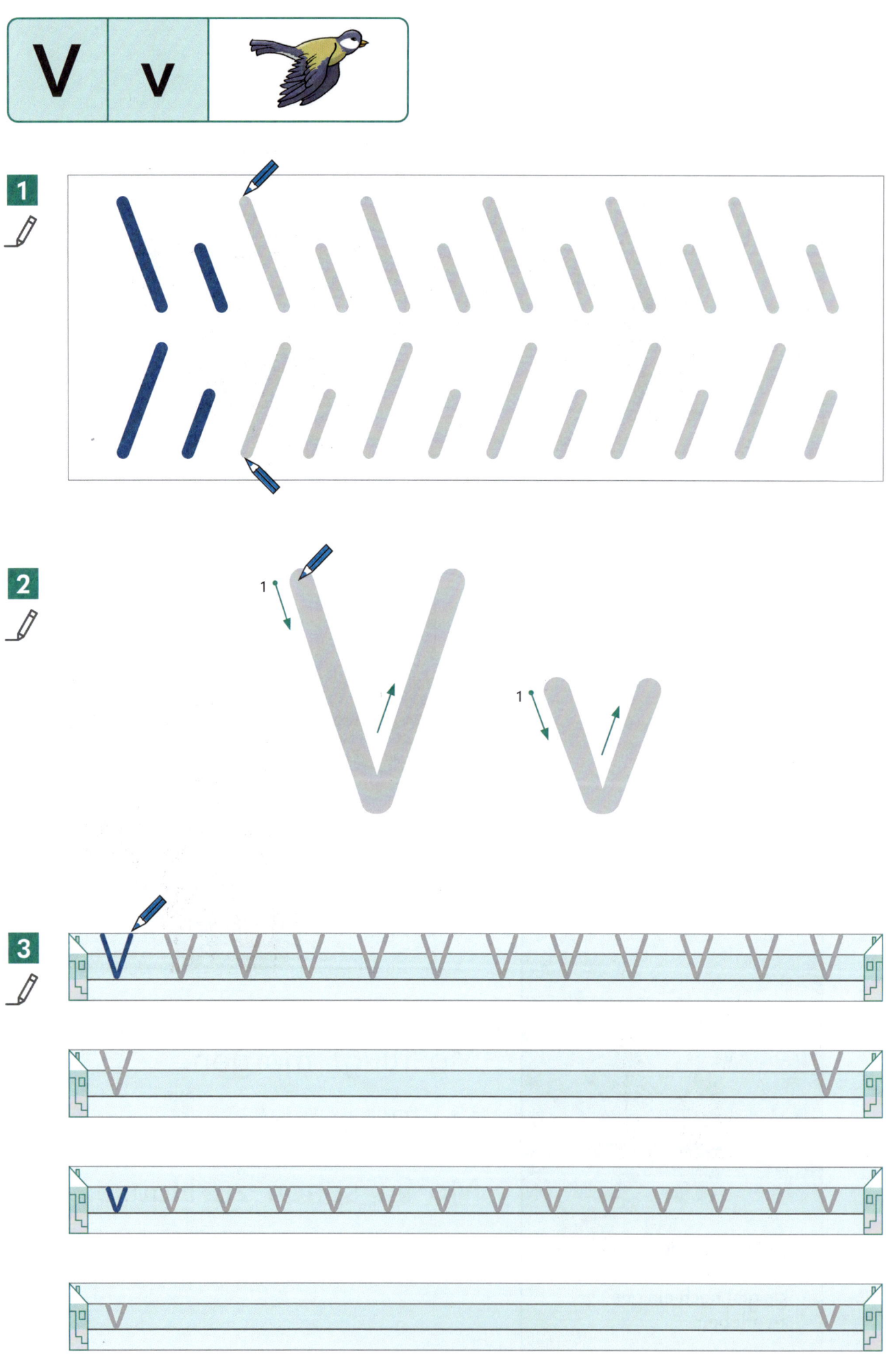

Aufgabe 1: Schwungübung
Aufgabe 2: V/v nachspuren
Aufgabe 3: V/v nachspuren und Restzeile entsprechend füllen

APP

1

2

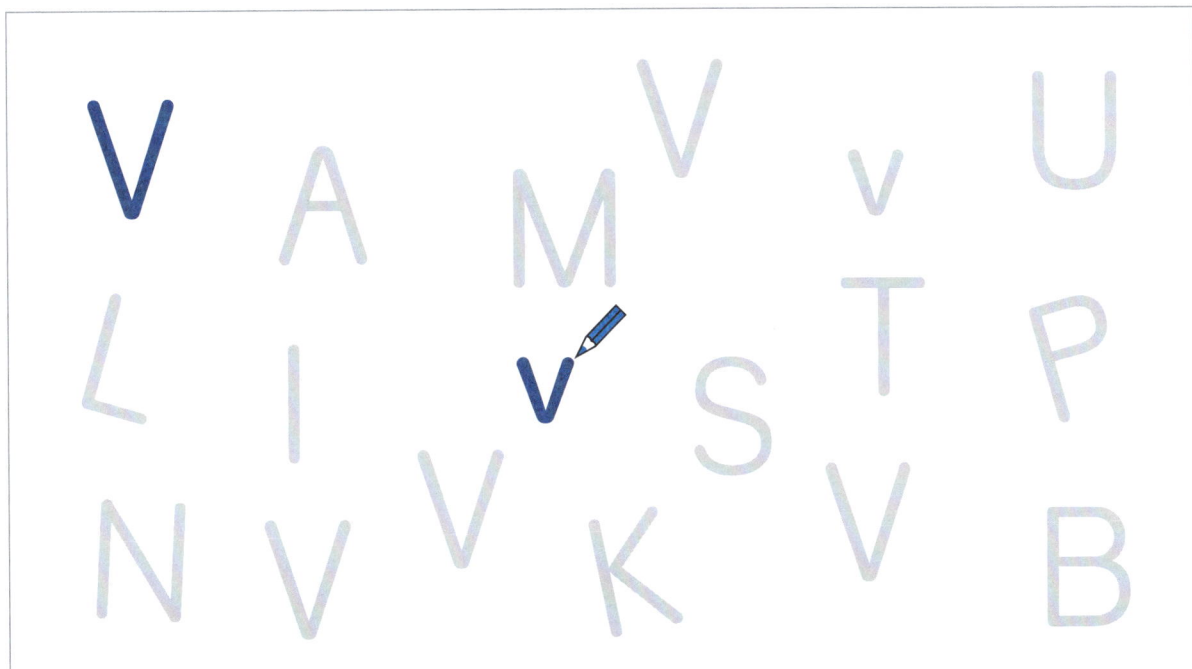

V v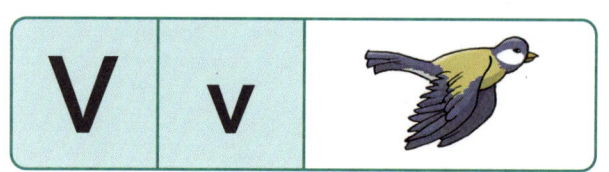

Vor der Schule

Lisa, Pepe und Nina fahren
mit dem Rad zur Schule.
An jedem Rad leuchtet vorn
und hinten ein Licht.

Vor der Schule fahren die Kinder an
einem Polizisten vorbei.
Sucht der Polizist vielleicht
einen Verbrecher?

Nein! Er schaut, ob Lisas Rad
sicher für den Verkehr ist.
Vor allem schaut er,
ob die Kinder einen Helm tragen.

V v wie in ▯ V v wie in ▯

Aufgabe: Überschrift und Text (nur mit V/v-Wörtern wie in Vogel) lesen, Bild betrachten
Balken: optional die unterschiedliche Lautung des V/v besprechen

APP

Im November

Ein Polizist besucht die Klasse.

Der Polizist zeigt zwei Melonen.

Eine Melone hat

einen violetten Helm auf.

Beide krachen auf den Boden.

Nur eine Melone geht kaputt.

Lisa sagt: „Oh!

Ein Helm ist eine gute Idee."

Aufgabe 1: Begriffe benennen, den unterschiedlichen Lautungen zuordnen und verbinden
Aufgabe 2: Überschrift und Text (nur mit V/v-Wörtern wie in Vase) lesen, Bilder betrachten

7

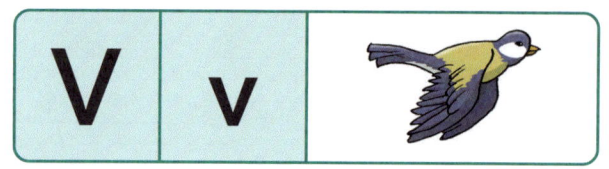

1

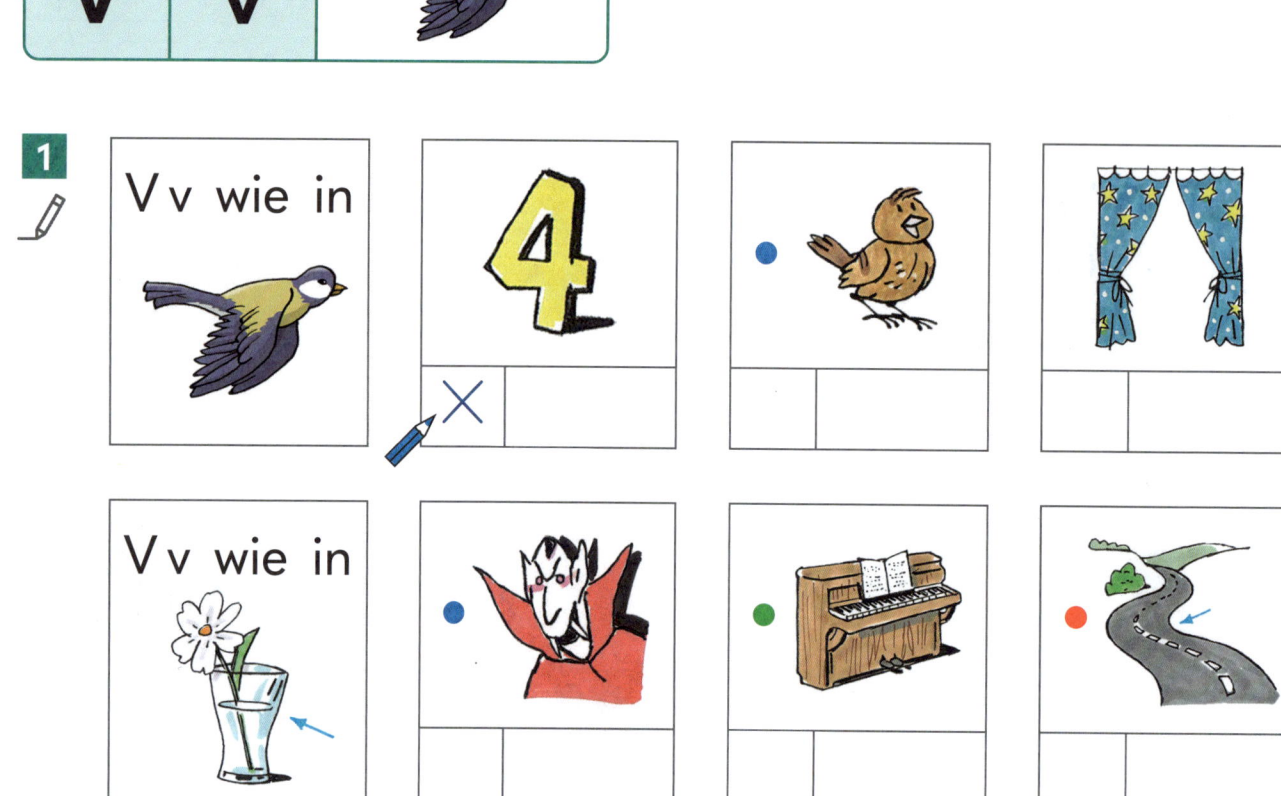

2

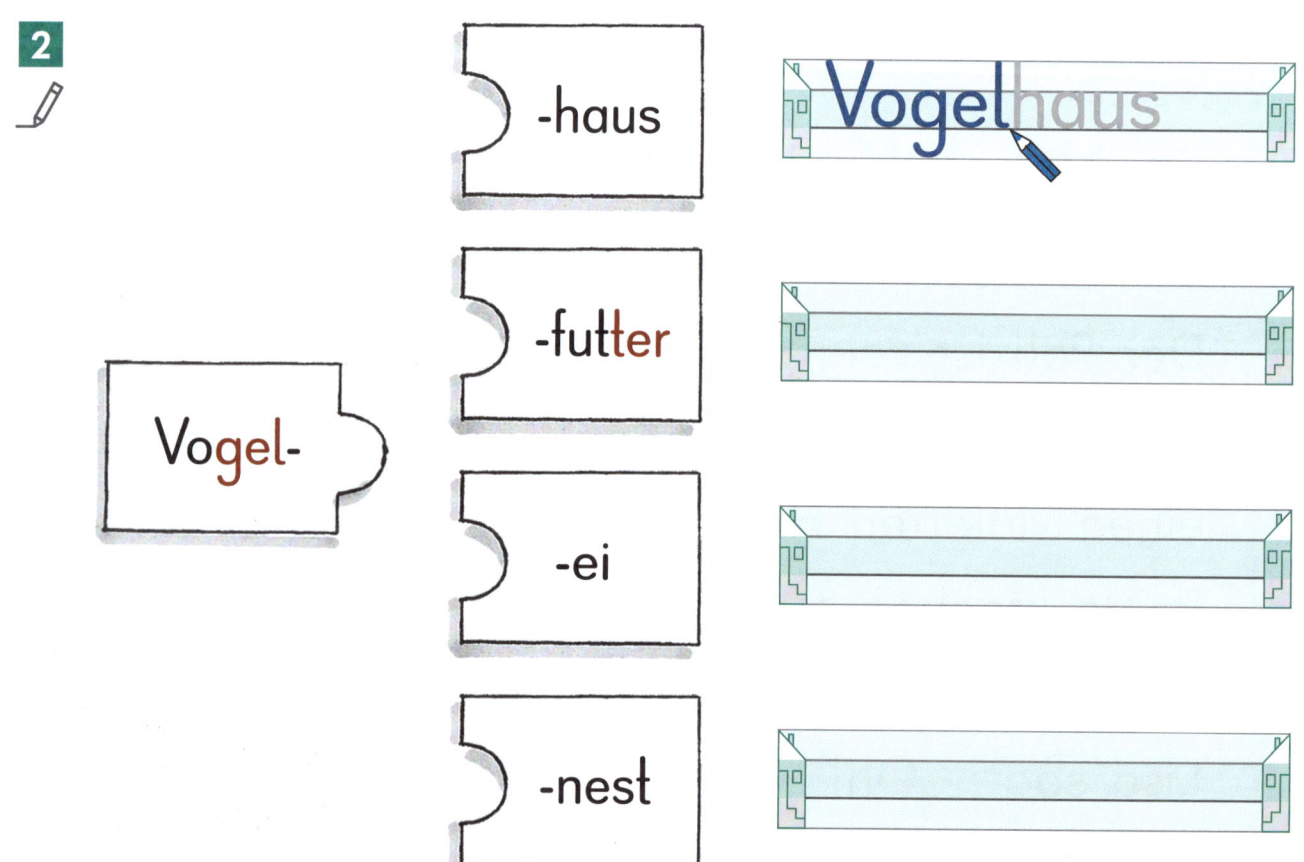

Vogel- -haus → Vogelhaus

Vogel- -futter

Vogel- -ei

Vogel- -nest

Aufgabe 1: Begriffe abhören und ankreuzen, ob der V/v-Laut am Wortanfang oder später im Wort zu hören ist
Aufgabe 2: zusammengesetzte Nomen mit dem Bestimmungswort „Vogel" bilden und schreiben

1

ver- — -kaufen — -lieben — -haften

verkaufen

2 V v wie in

Va — ter / ser

V v wie in

Kla — vum / vier

Aufgabe 1: Vorsilbe ver- mit den Verben lesen, Verben mit den richtigen Bildern verbinden und schreiben
Aufgabe 2: Begriffe sprechschwingen; Silben lesen, passende Anfangs- und Endsilbe verbinden, Wort aufschreiben
optional: verschiedene Lautungen des V hören

9

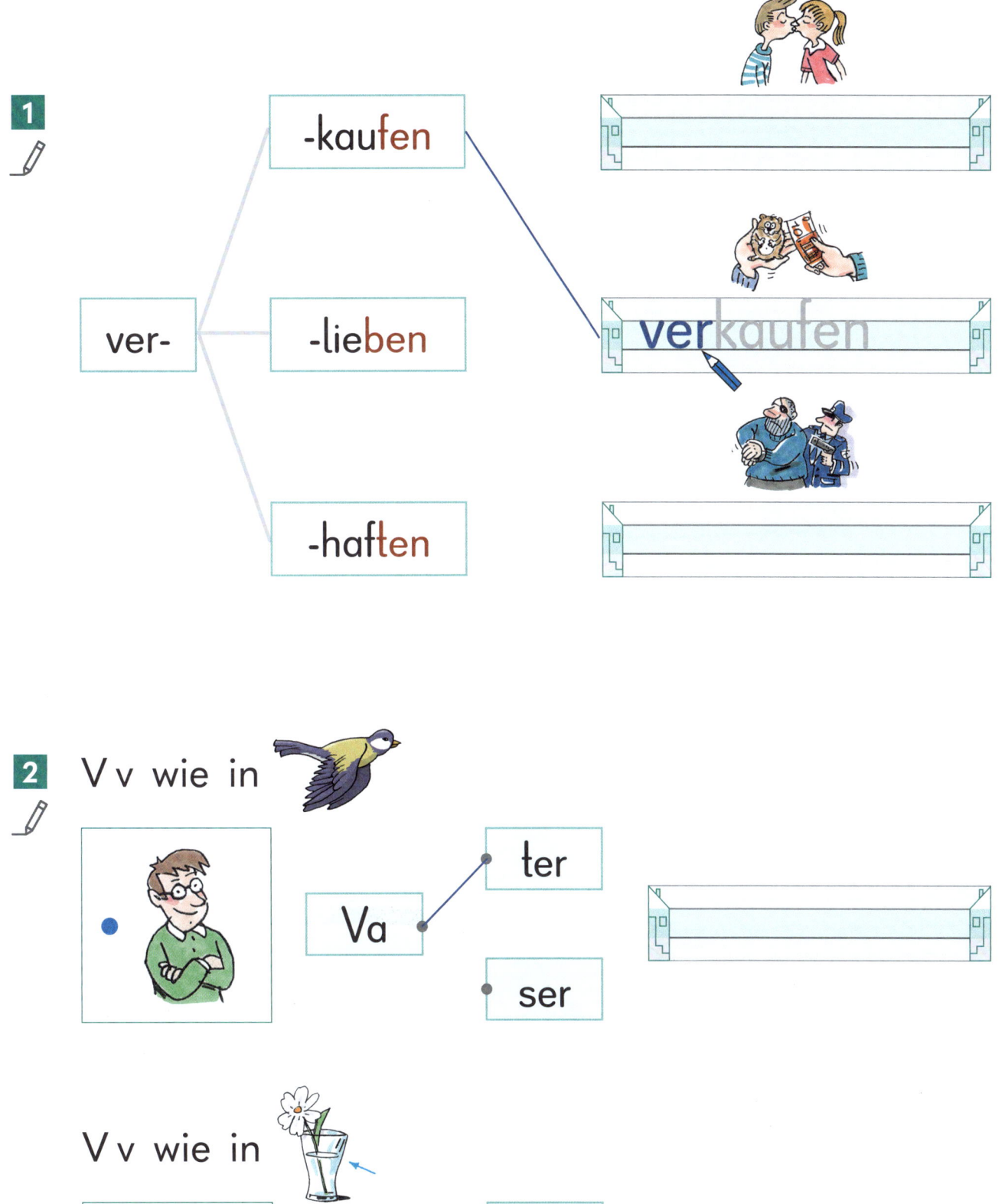

1

2

Sp Sp Sp

sp sp spsp

3

Spardose

Spaten

Spaghetti

Spinne

spielen

Gespenst

Aufgabe 1: Sp/sp nachspuren
Aufgabe 2: Sp/sp nachspuren und Restzeile entsprechend füllen
Aufgabe 3: Sp/sp einkreisen

Spielen am Nachmittag

Es ist Nachmittag.
Die Hausaufgaben sind fertig.
Nun wollen die Kinder spielen.
Aber was sollen sie spielen?

Lisa hat eine Idee:
„Wollen wir Karten spielen?
Mau-Mau finde ich spannend.“

Ali hat eine Idee:
„Wollen wir Autorennen spielen?
Das Spiel ist gut!“

Li hat eine Idee:
„Wollen wir Sport machen?
Wollen wir Basketball spielen?“

Sp sp

1

Ball-

Video-

Karten-

-spiel

Ballspiel

Video

Karten

Ela hat eine andere Idee:
„Wollen wir uns verkleiden?
Dazu brauchen wir
alte Sachen und
einen Spiegel."

Aufgabe 1: zusammengesetzte Nomen mit dem Grundwort „-spiel" bilden und schreiben
Aufgabe: Text lesen, Bild betrachten

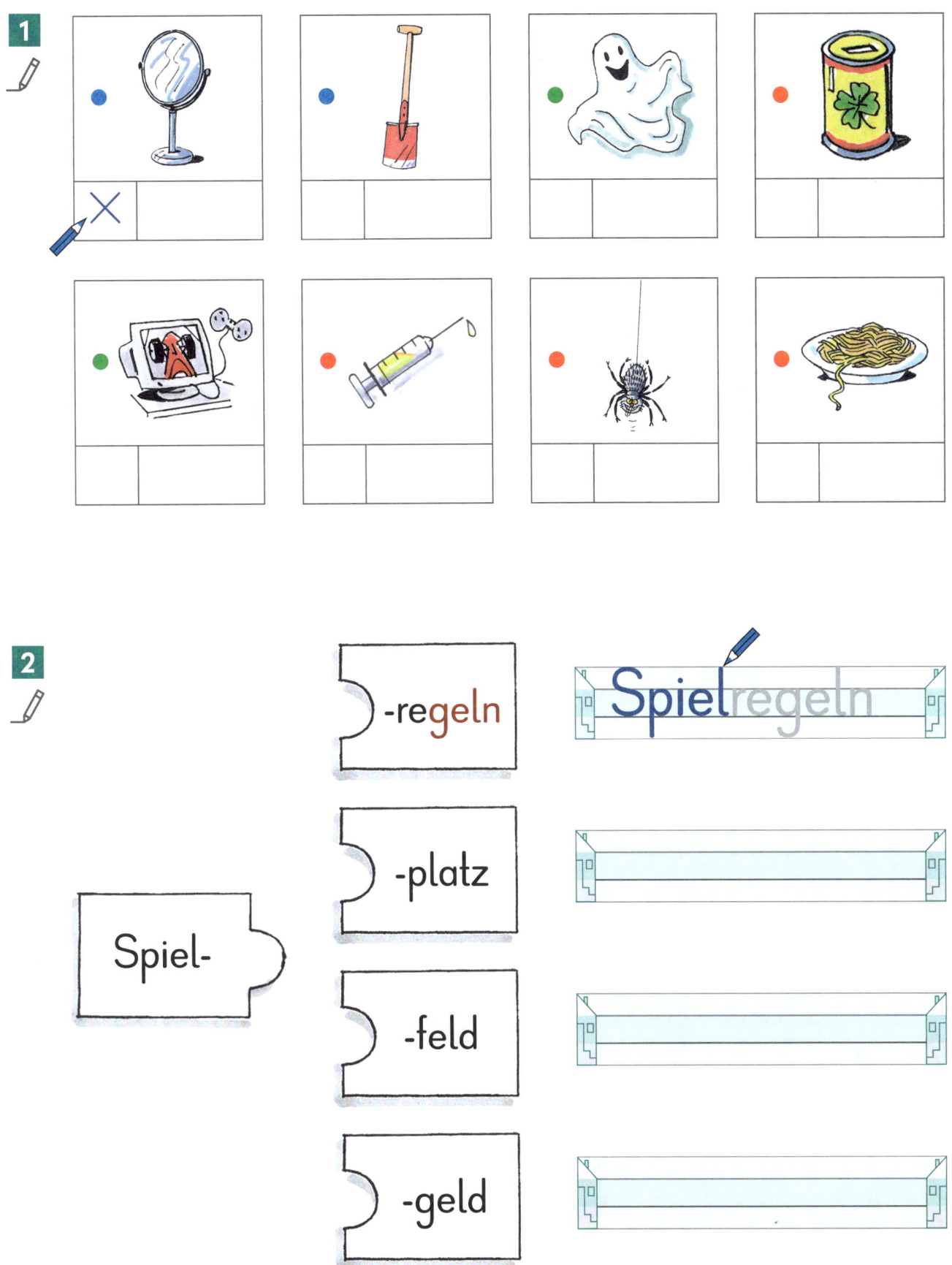

1

2

Spiel-

-regeln → Spielregeln

-platz

-feld

-geld

Aufgabe 1: Begriffe abhören und ankreuzen, ob der Sp/sp-Laut am Wortanfang oder später im Wort zu hören ist
Aufgabe 2: zusammengesetzte Nomen mit dem Bestimmungswort „Spiel" bilden und schreiben

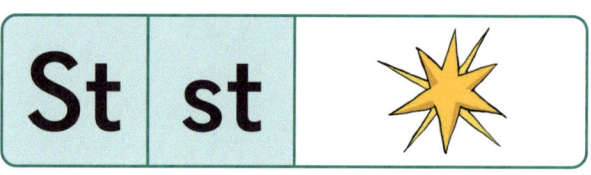

1

St st

3

St St St St St St St St St St St

St   St

st st st st st st st st st st st

st   st

3

Stern

Baustelle

Stufen

streiten

Stuhl

Stein

Start

Stiefel

Stempel

Aufgabe 1: St/st nachspuren
Aufgabe 2: St/st nachspuren und Restzeile entsprechend füllen
Aufgabe 3: St/st einkreisen

APP

Keinen Streit

Frau Stein: „In dieser Stunde verteilen wir
die Aufgaben für diese Woche."

Lisa: „Ich wische die Tische ab."

Dana: „Ich versorge die Blumen."

Frau Stein: „Prima! Und du, Sami?
Dein Name steht noch nicht im Plan."

Sami ist still. Dann stolpert er von seinem Stuhl.

Sami: „Nee, ich streike."

Li: „Aber du musst auch irgendwas
machen."

Frau Stein: „Stopp! Keinen Streit!"

St | st ⭐

[1] [2] [3] [4]

Dana wird die Blumen versorgen. [2]

Lisa wird den Tisch abwischen. [ ]

Ali wird Papier verteilen. [ ]

Ole wird die Tafel wischen. [ ]

So geht es weiter

Nach der Essens-Pause in der Klasse.

Sami: „Iii, hier stapeln sich
die Teller.
Und die vollen
Tassen stehen herum."

Li: „Los Sami, statt zu streiken starten
wir gemeinsam den Abwasch."

Dana: „Ich mache auch mit."

Sami: „Stark, gemeinsam geht es viel besser!"

1

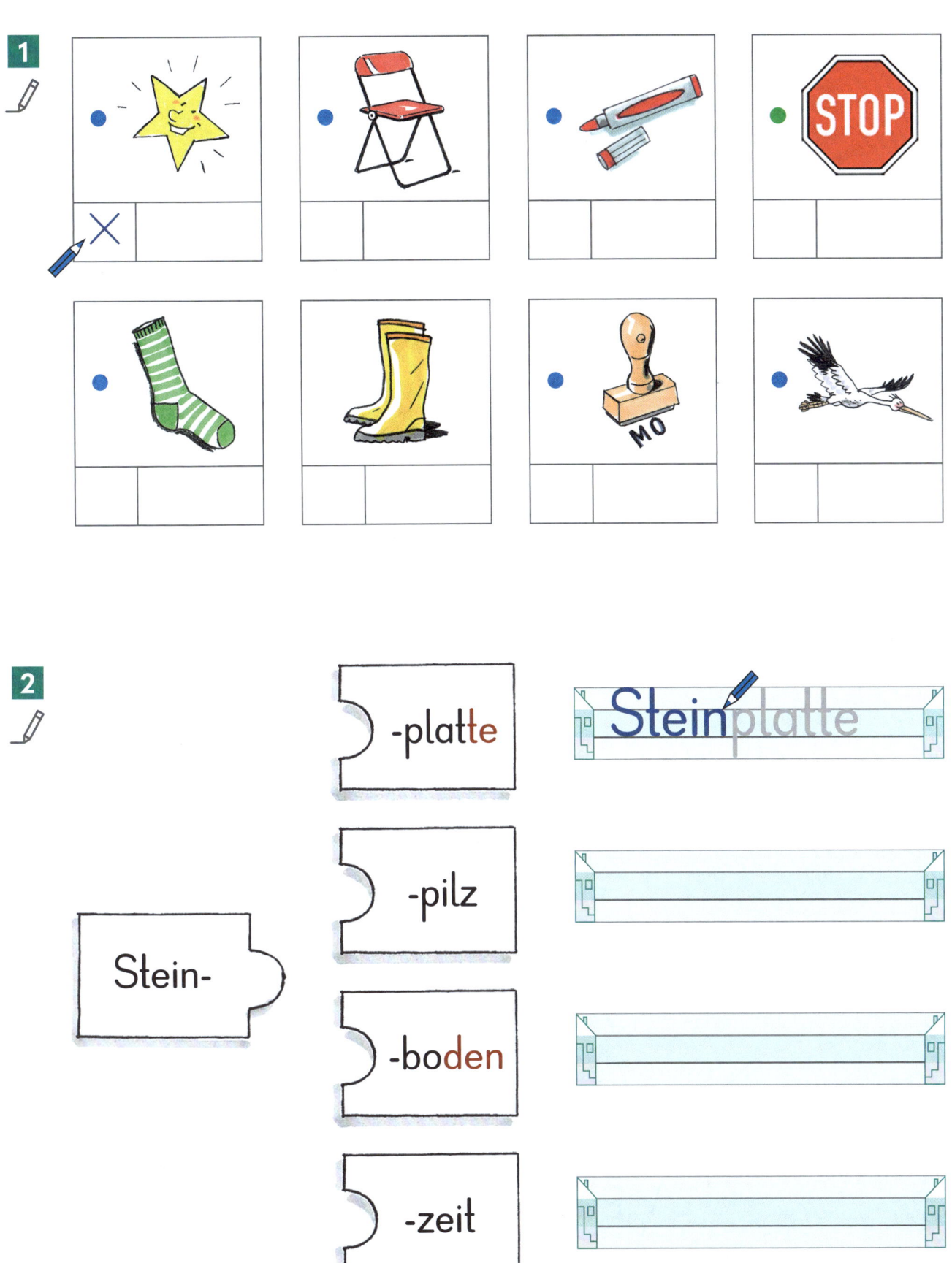

Aufgabe 1: Begriffe abhören und ankreuzen, ob der St/st-Laut am Wortanfang oder später im Wort zu hören ist
Aufgabe 2: zusammengesetzte Nomen mit dem Bestimmungswort „Stein" bilden und schreiben

1

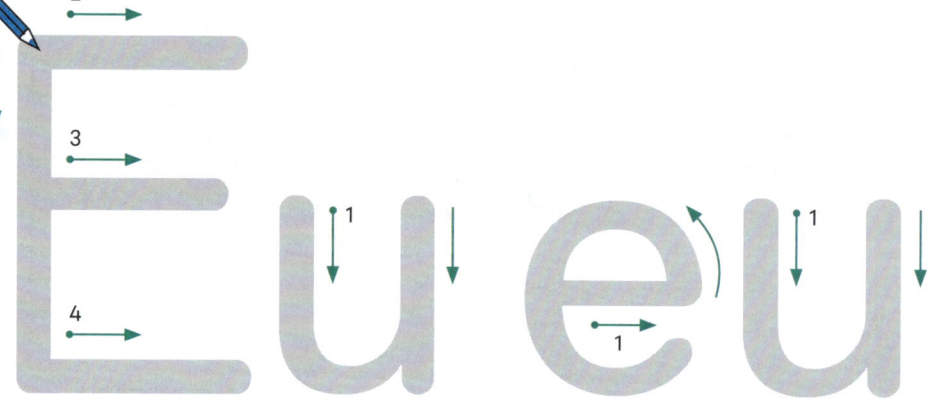

2

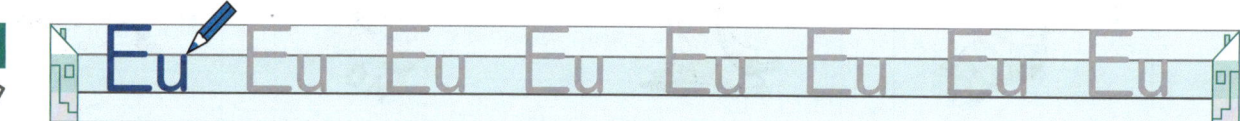

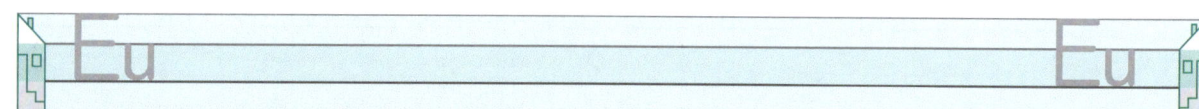

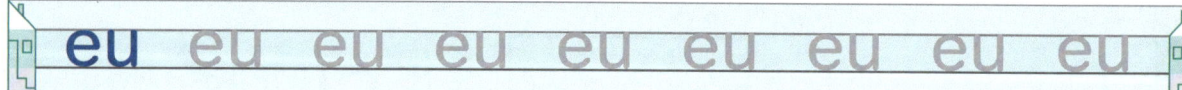

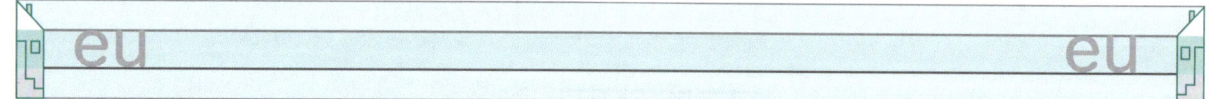

3

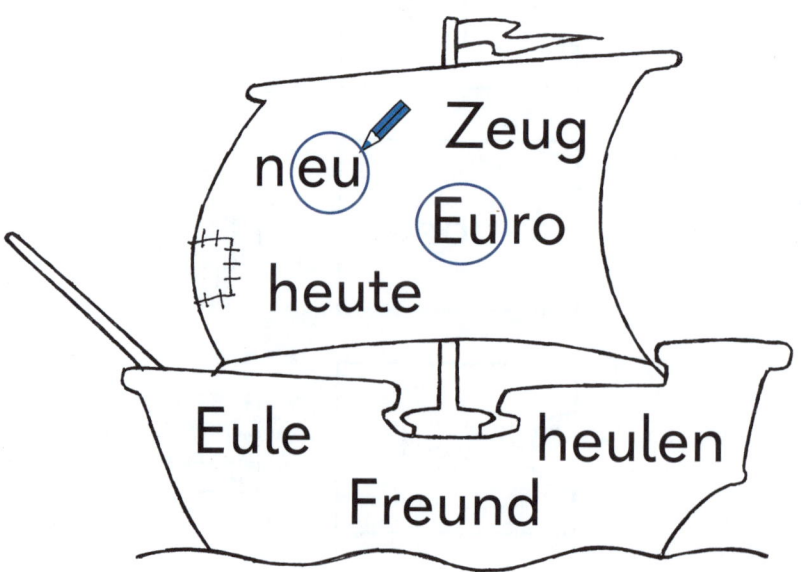

Aufgabe 1: Eu/eu nachspuren
Aufgabe 2: Eu/eu nachspuren und Restzeile entsprechend füllen
Aufgabe 3: Eu/eu einkreisen

APP

Heute neu !

Ole steht neugierig vor dem Fenster
eines Ladens mit Spielzeug.

Ole seufzt.
Der Roboter im Fenster ist so toll.
Die Augen des Roboters leuchten blau.
Er kann sich drehen und Musik spielen.
Oles Freundin Mimi hat so einen Roboter.

Neulich haben sie zusammen mit
dem neuen Roboter gespielt.
Und Ole durfte ihn steuern.

Eu | **eu**

📖 Der Roboter ist in dieser Woche

nicht so teuer wie sonst.

Er kostet nur 25 Euro.

Ole hat in seiner Tasche 2 Euro.

Zu Hause hat er noch 9 Euro gespart.

Das reicht nicht!

Ob sich Ole den Rest von Mama leihen kann?

1 Rechne aus:

Wie viel Geld braucht Ole noch?

	2	€
+	9	€
1	1	€

	2	5	€
−	1	1	€
			€

Ole braucht noch ☐☐ Euro.

1

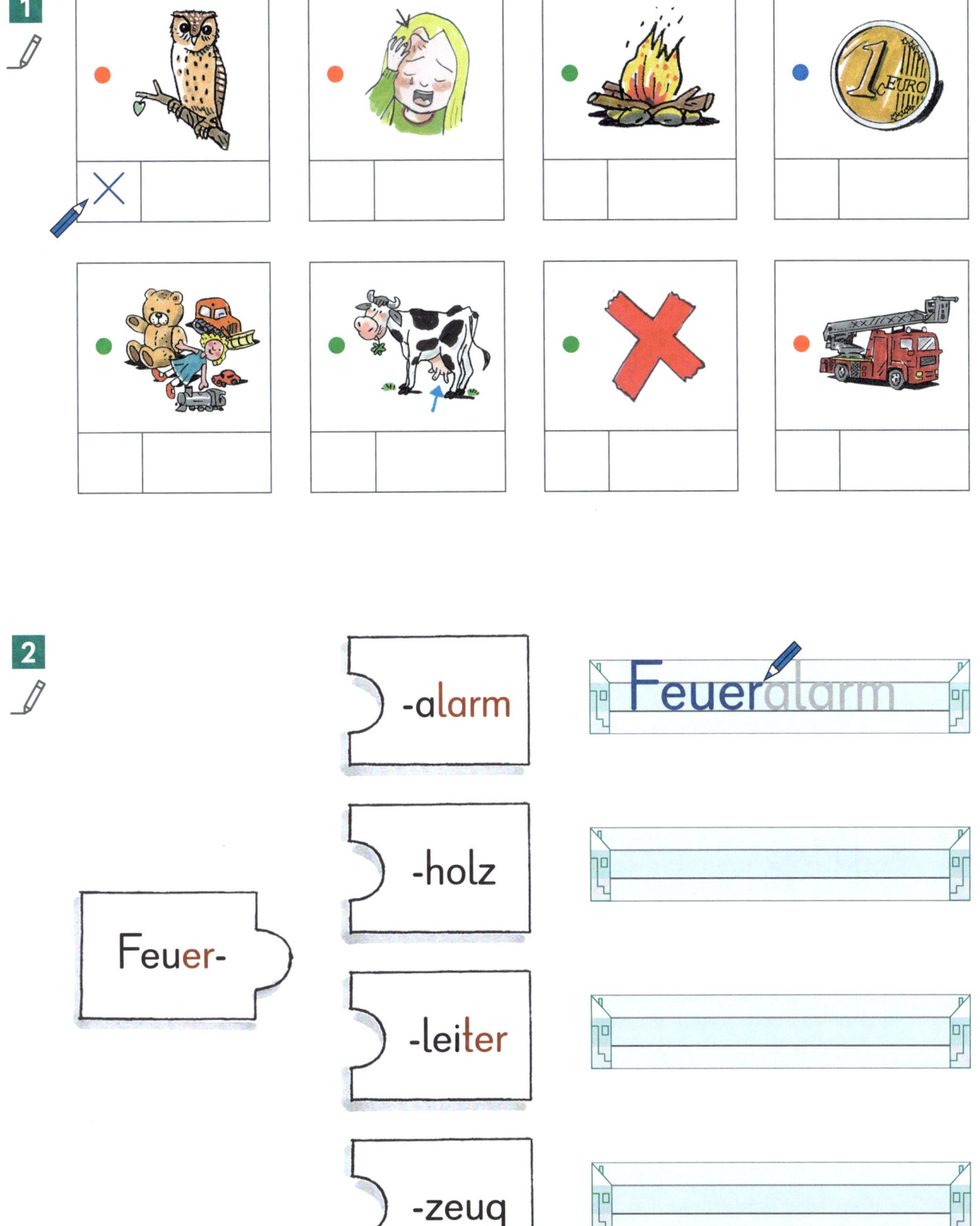

2

Feuer-

-alarm → Feueralarm

-holz

-leiter

-zeug

Aufgabe 1: Begriffe abhören und ankreuzen, ob der Eu/eu-Laut am Wortanfang oder später im Wort zu hören ist
Aufgabe 2: zusammengesetzte Nomen mit dem Bestimmungswort „Feuer" bilden und schreiben

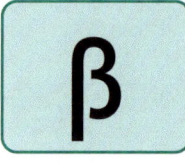

1 ✏

2 ✏

3 ✏

Aufgabe 1: Schwungübung
Aufgabe 1: ß nachspuren
Aufgabe 2: ß nachspuren und Restzeile entsprechend füllen

APP

2

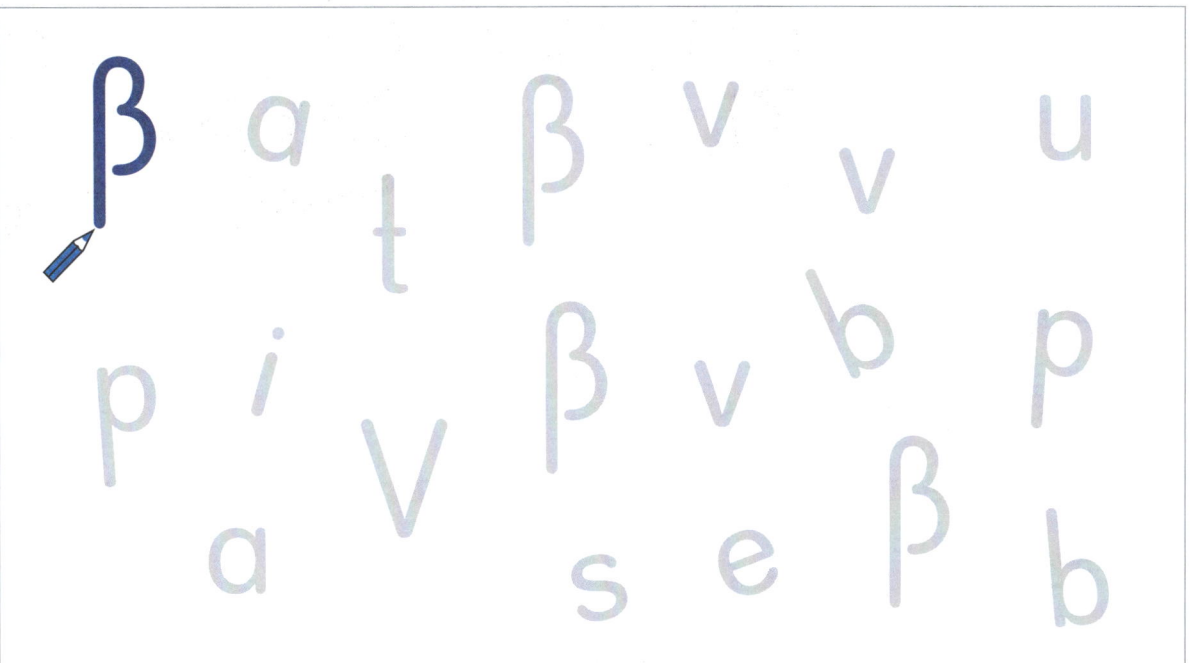

Aufgabe 1: ß einkreisen
Aufgabe 2: alle ß nachspuren

📖 Arbeit mit dem Wochenplan

Die Lehrerin bittet die Kinder:

„Schließt die Aufgaben von letzter Woche ab.

Schließlich habt ihr ab heute

einen neuen Plan.

Außer Lesen und Schreiben ist diesmal

ein Spiel dabei.

Das wird euch

großen Spaß machen."

Alle rennen sofort zum Spiel.

Die Lehrerin sagt:

„Ich weiß, alle wollen mit dem Spiel beginnen.

Aber so gibt es bloß Streit.

Wir brauchen Regeln!"

Gemeinsam sammeln sie Ideen.

Am Ende steht auf einem großen Plakat:

Unsere Regeln

Wir streiten uns nicht.

Wir arbeiten leise.

Wir melden uns und reden nicht

durcheinander.

1 Schreibe eine der beiden Regeln ab.

Ich grüße andere Kinder.

Ich stoße keine anderen Kinder.

ß

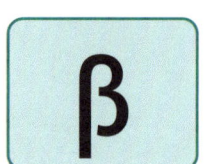

1

beißen

reißen

fließen

ießen

Kloß

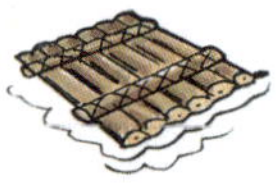

loß

heiß

eiß

2

Straße   Fuß   ~~Strauß~~

St

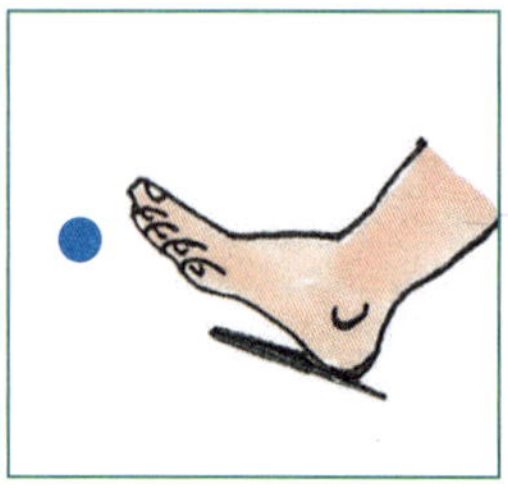

Aufgabe 1: Wort lesen, Bild betrachten und Begriff (Reimwort) benennen, Buchstaben ergänzen und nachspuren
Aufgabe 2: Wörter im Kasten lesen, Begriff benennen, Nomen dem richtigen Bild zuordnen und schreiben

1

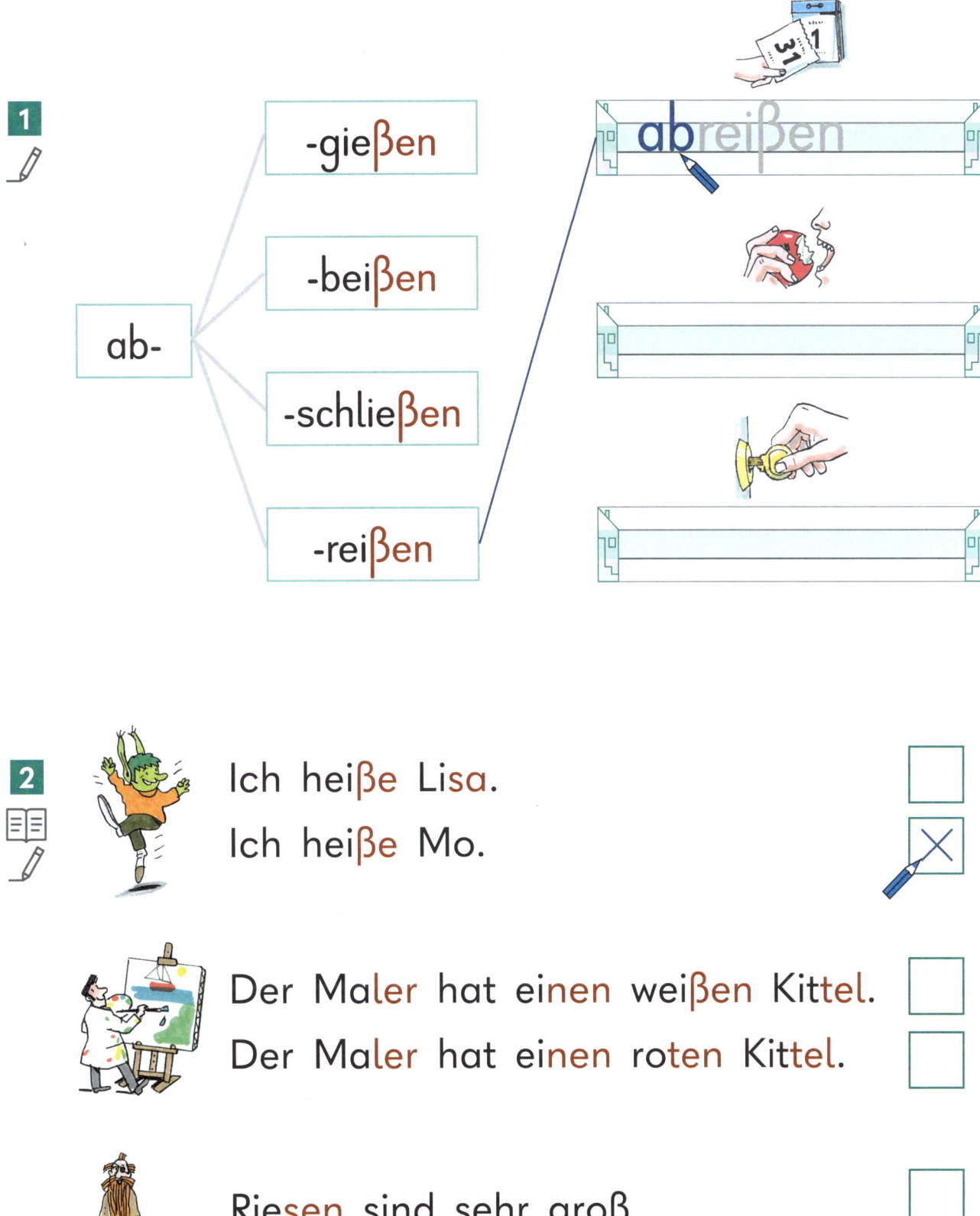

ab-

- -gießen
- -beißen
- -schließen
- -reißen

abreißen

2

Ich heiße Lisa. ☐

Ich heiße Mo. ☒

Der Maler hat einen weißen Kittel. ☐

Der Maler hat einen roten Kittel. ☐

Riesen sind sehr groß. ☐

Riesen sind sehr klein. ☐

Aufgabe 1: Vorsilbe ab- mit den Verben lesen, Verben mit den richtigen Bildern verbinden und schreiben
Aufgabe 2: Bild betrachten, Sätze lesen und zum Bild passenden Satz ankreuzen

27

Das kann ich schon

Wochenplan vom 12. bis 16. Februar	
Deutsch	Arbeitsheft Seite 23, Aufgabe 2 und 3
Mathe	Arbeitsblatt bearbeiten, Ergebnis mit einem Partnerkind vergleichen
Kunst	Bastelbogen ausschneiden, nach Vorlage aufkleben

Spaß

stehen

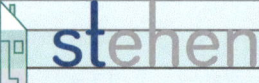

viel

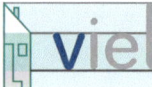

Wörterliste

Eu eu

Eu**le**

Eu**ro**

Sp sp

span**nend**

Spie**gel**

spie**len**

spielen

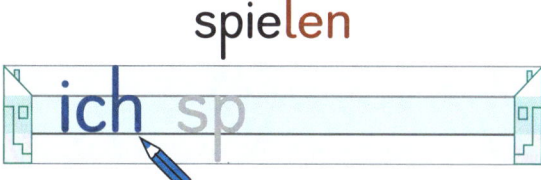
ich sp

St st

stark

strei**ten**

streiten

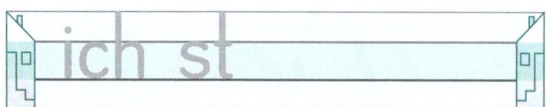
ich st

V v

ver**kau**fen

viel**leicht**

vier

verkaufen

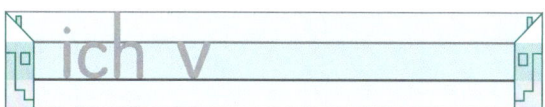
ich v

Wörterliste in alphabetischer Reihenfolge mit eingeführten Wörtern
Verben lesen, in die 1. Person Einzahl setzen und schreiben

29

1

2

3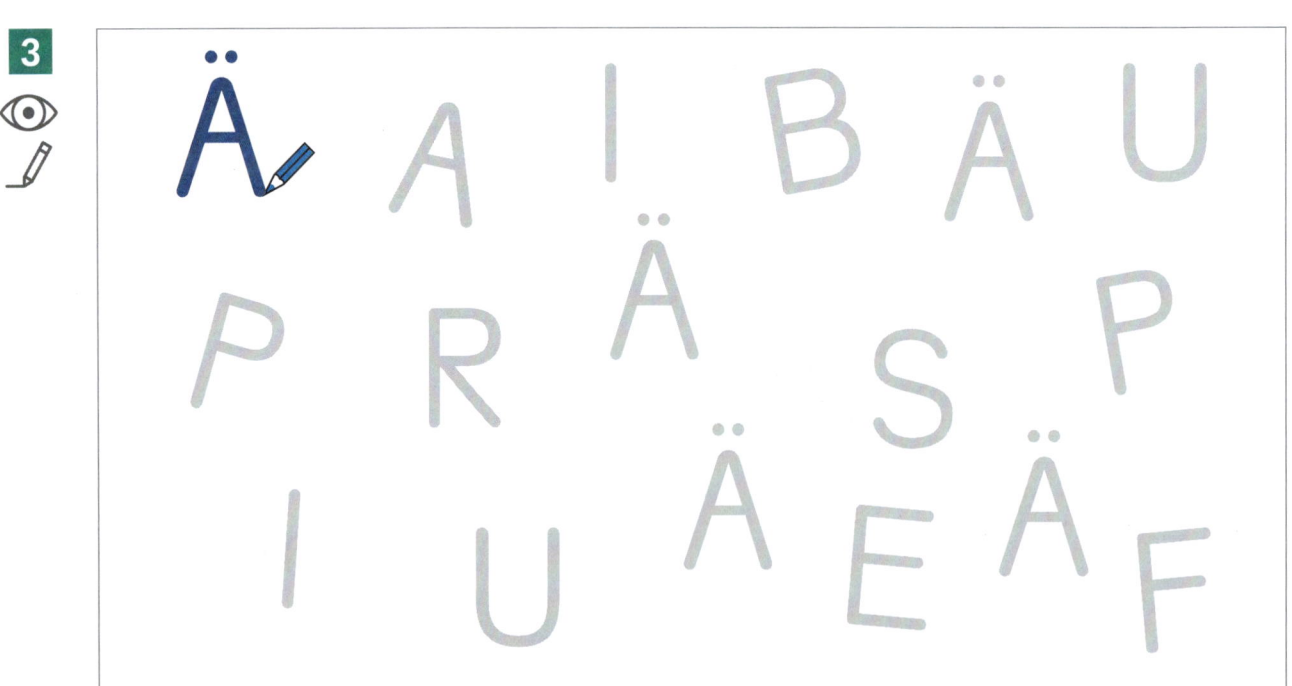

Aufgabe 1: Ä/ä nachspuren und Restzeile entsprechend füllen
Aufgabe 2: Ä/ä einkreisen
Aufgabe 3: alle Ä nachspuren

📖 Rätsel

Mit K ist es ein Krabbeltier.
Mit Sch bewacht er die Schafe.

Mit Z hast du sie im Mund.
Mit H krähen sie auf dem Mist.

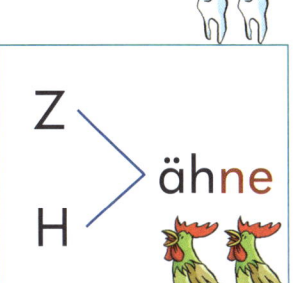

Mit H hast du zwei davon.
Mit W findest du sie im Haus.

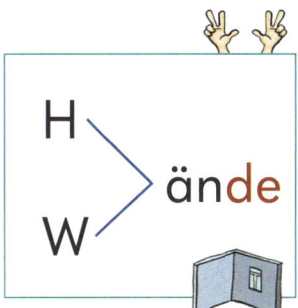

1 Ein Krabbeltier: ●

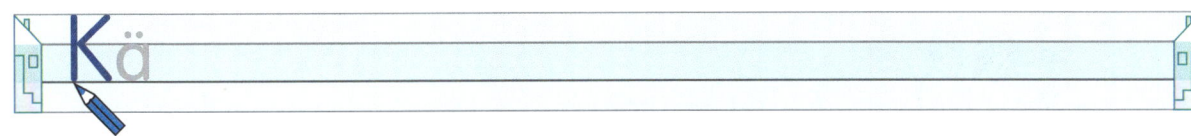

Du findest sie im Haus:

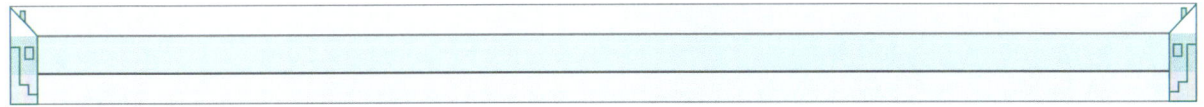

Aufgabe: Überschrift und Rätselsätze lesen; Rätsellösung: Anfangsbuchstabe mit Wortende zusammenfügen
Aufgabe 1: Lösungswort mit Bildunterstützung herausfinden und schreiben

31

1

Träne

Kräne

Wände

ände

Schäfer

äfer

Hähne

ähne

2

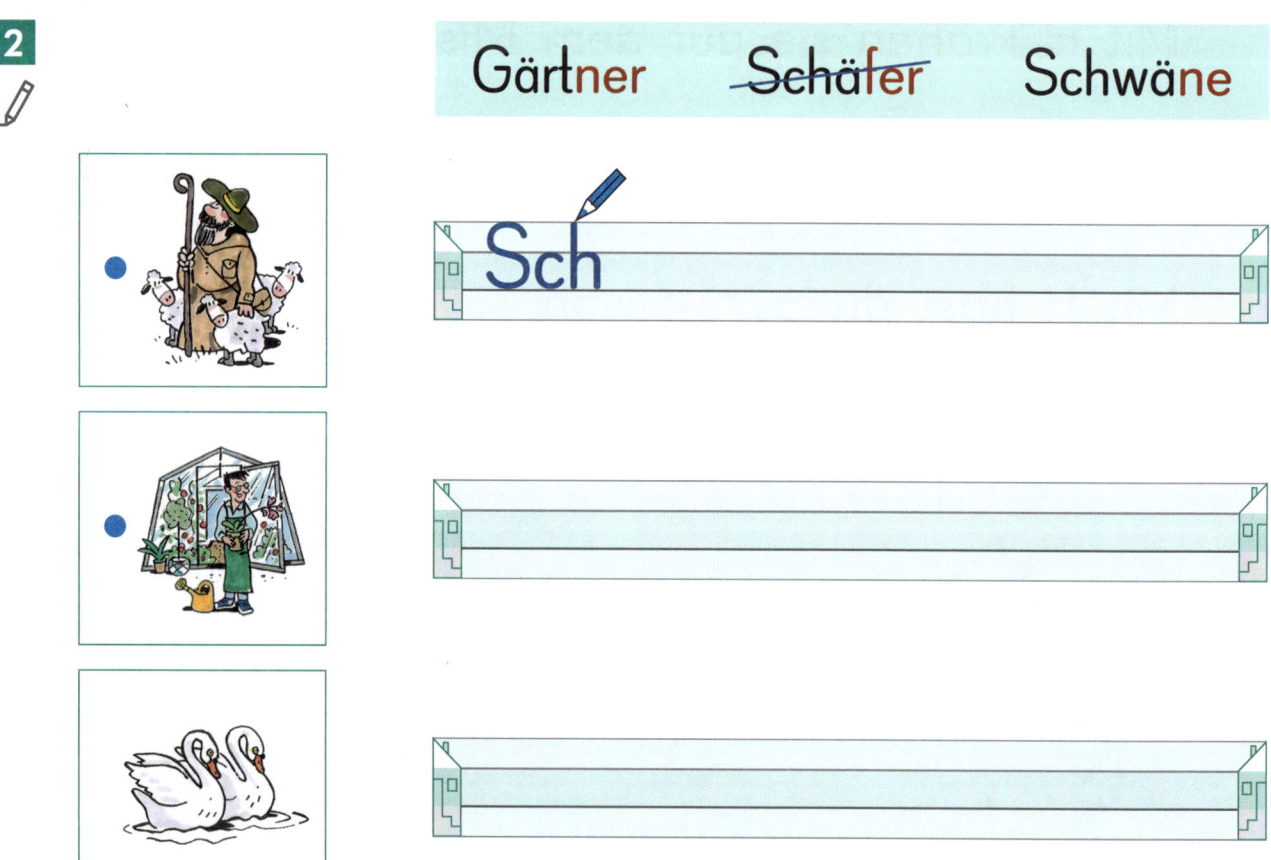

Gärtner   ~~Schäfer~~   Schwäne

Sch

3 Ältere Kafer argern manchmal Baren, wenn sie nach der Wasche noch im Fell sitzen.

Aufgabe 1: Wort lesen, Bild betrachten und Begriff (Reimwort) benennen, Buchstaben ergänzen und nachspuren
Aufgabe 2: Wörter im Kasten lesen, Begriff benennen, Nomen dem richtigen Bild zuordnen und schreiben
Aufgabe 3: Satz lesen und Striche über dem Ä/ä ergänzen

1

ein Zahn ➡ **viele Zähne**

eine Hand ➡ zwei _____

ein Kran ➡ zwei _____

ein Hahn ➡ zwei _____

2

Lisas Papa ist Gärtner. ☒

Lisas Papa ist Schäfer. ☐

Lisas Mama zählt Käfer. ☐

Lisas Mama zählt Geld. ☐

Opa fährt einen Traktor. ☐

Opa fährt einen Kran. ☐

Aufgabe 1: Begriff benennen, Wort mit Artikel lesen, Begriff in der Mehrzahl benennen,
nachspuren und Wort in der Mehrzahl schreiben (a → ä)
Aufgabe 2: Bild betrachten, Sätze lesen und zum Bild passenden Satz ankreuzen

33

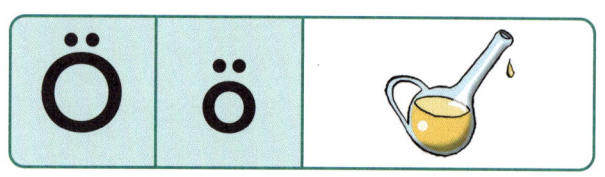

1

2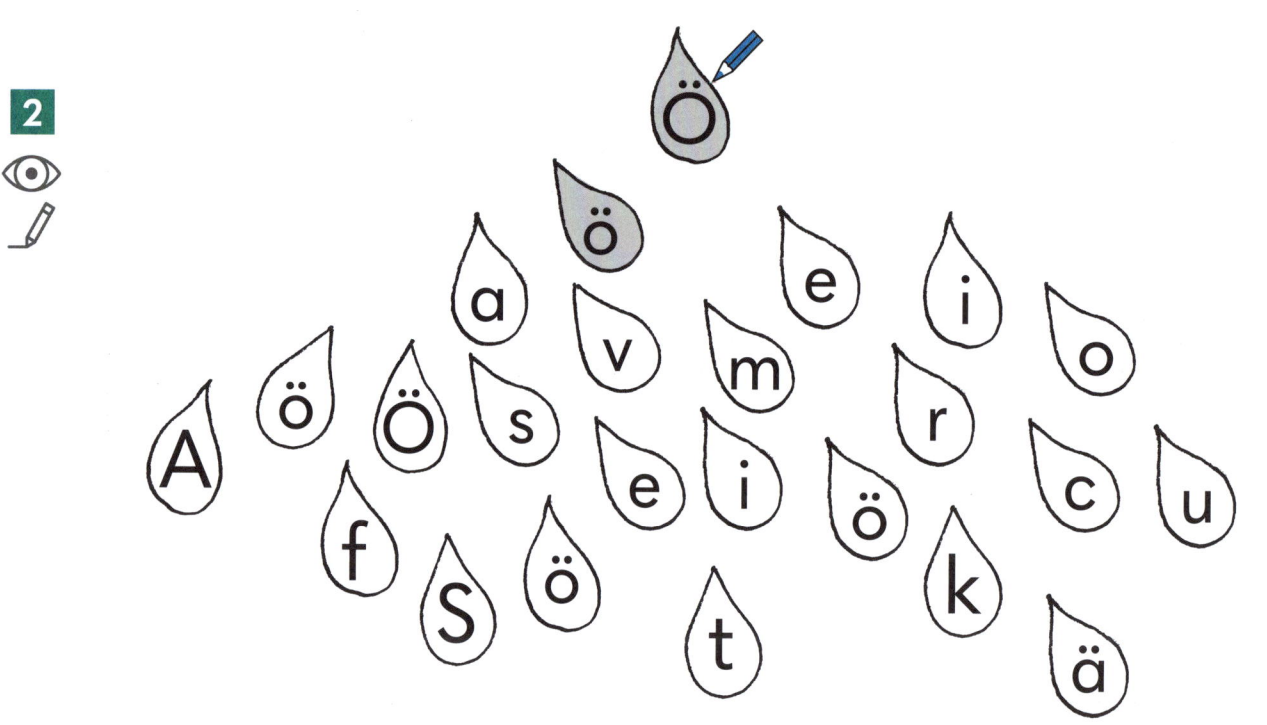

3

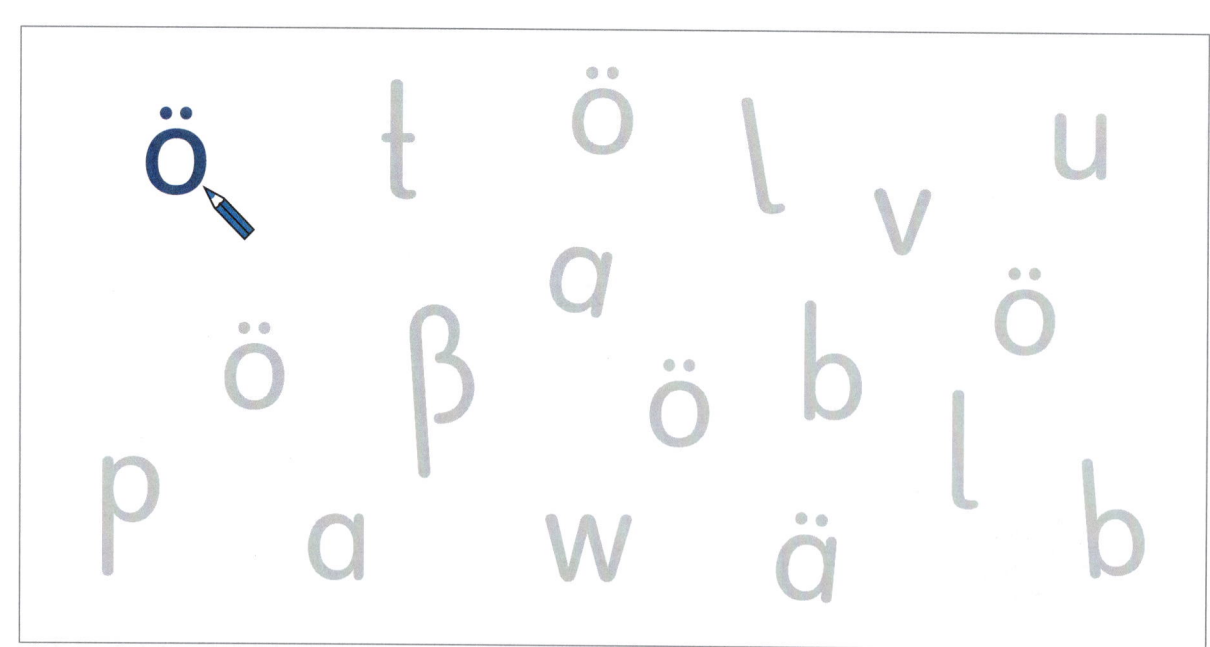

Aufgabe 1: Ö/ö nachspuren und Restzeile entsprechend füllen
Aufgabe 2: Ö/ö markieren
Aufgabe 3: alle ö nachspuren

APP

📖 Rätsel lösen

Mit L lebt er in Afrika.
Mit M fliegt sie am Meer.

L
M ⟩ öwe

Mit M kann man sie essen.
Mit R kann man in sie schauen.

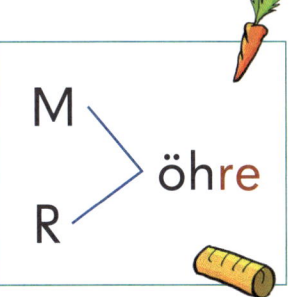

M
R ⟩ öhre

Mit Kr lebt sie im Teich.
Mit Fl macht man damit Musik.

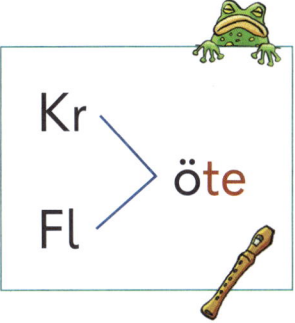

Kr
Fl ⟩ öte

1 Damit macht man Musik: ● 🎵

Fl

Sie lebt im Teich: ● 🐸

Aufgabe: Überschrift und Rätselsätze lesen; Rätsellösung: Anfangsbuchstabe mit Wortende zusammenfügen
Aufgabe 1: Lösungswort mit Bildunterstützung herausfinden und schreiben

35

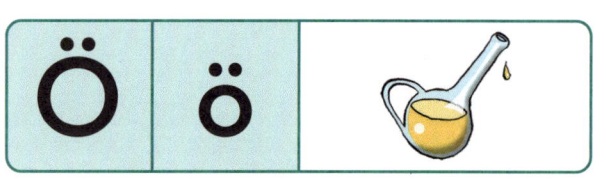

1

Möwe

Löwe

Körner

örner

Röhre

öhre

Kröte

öte

2

Möwe   ~~Öl~~   Kröte

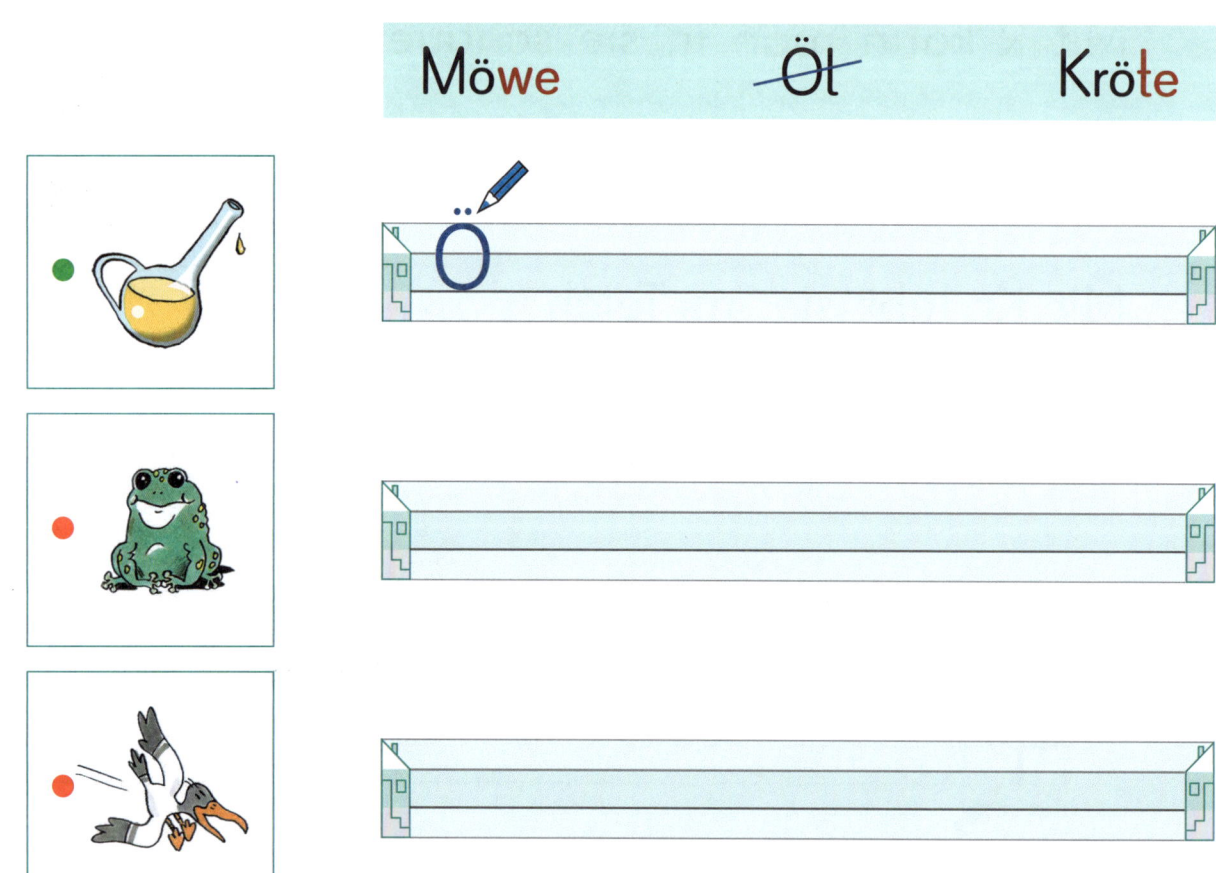

Ö

3

Die Köchin formt aus dem Teig

vorsichtig zwolf schone Knodel.

Aufgabe 1: Wort lesen, Bild betrachten und Begriff (Reimwort) benennen, Buchstaben ergänzen und nachspuren
Aufgabe 2: Wörter im Kasten lesen, Begriff benennen, Nomen dem richtigen Bild zuordnen und schreiben
Aufgabe 3: Satz lesen und Striche über dem Ö/ö ergänzen

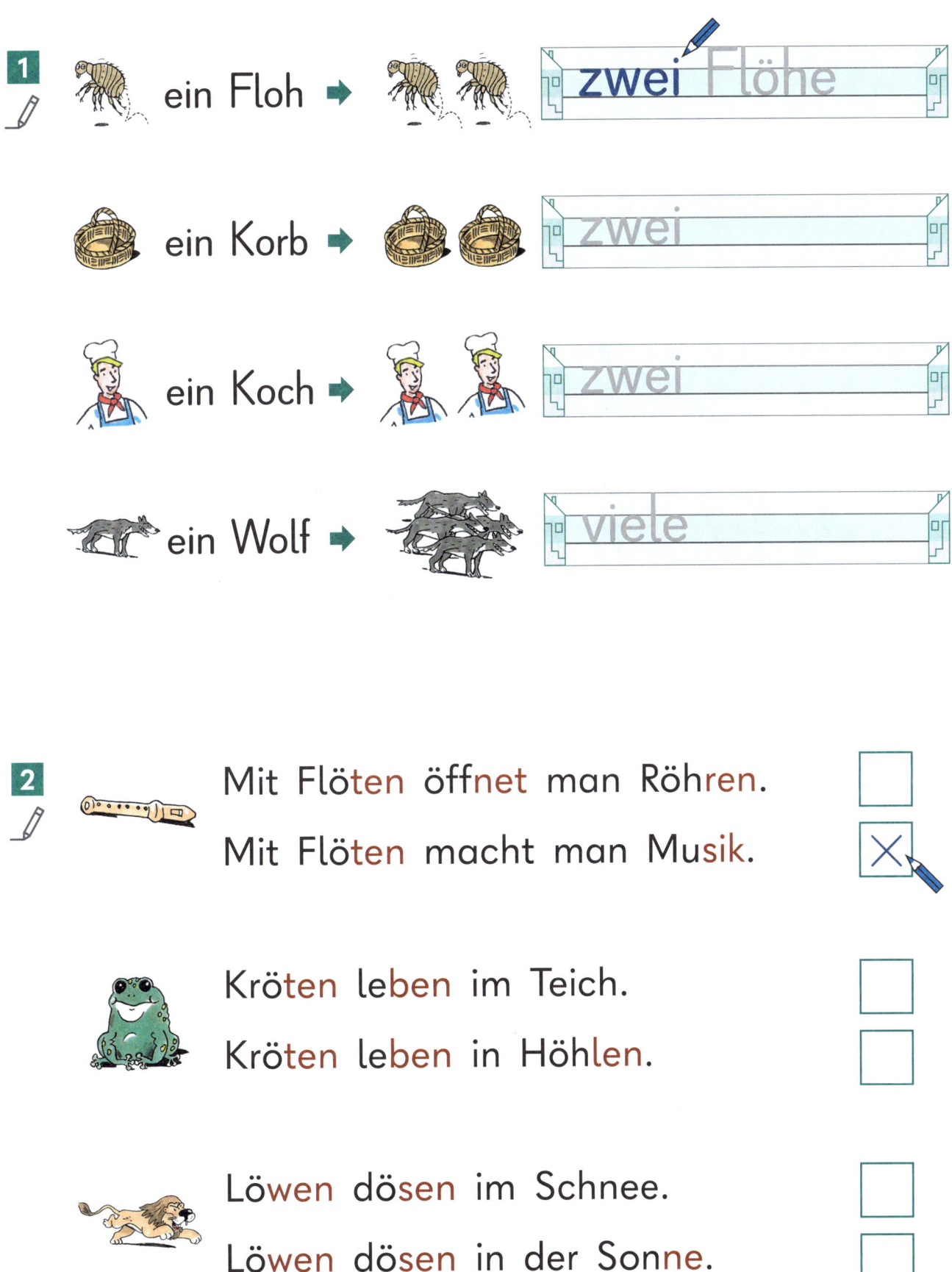

1

ein Floh ➡ **zwei** Flöhe

ein Korb ➡ zwei

ein Koch ➡ zwei

ein Wolf ➡ viele

2

Mit Flöten öffnet man Röhren. ☐

Mit Flöten macht man Musik. ☒

Kröten leben im Teich. ☐

Kröten leben in Höhlen. ☐

Löwen dösen im Schnee. ☐

Löwen dösen in der Sonne. ☐

Aufgabe 1: Begriff benennen, Wort mit Artikel lesen, Begriff in der Mehrzahl benennen, nachspuren
und Wort in der Mehrzahl aufschreiben (o → ö)
Aufgabe 2: Bild betrachten, Sätze lesen und zum Bild passenden Satz ankreuzen

37

1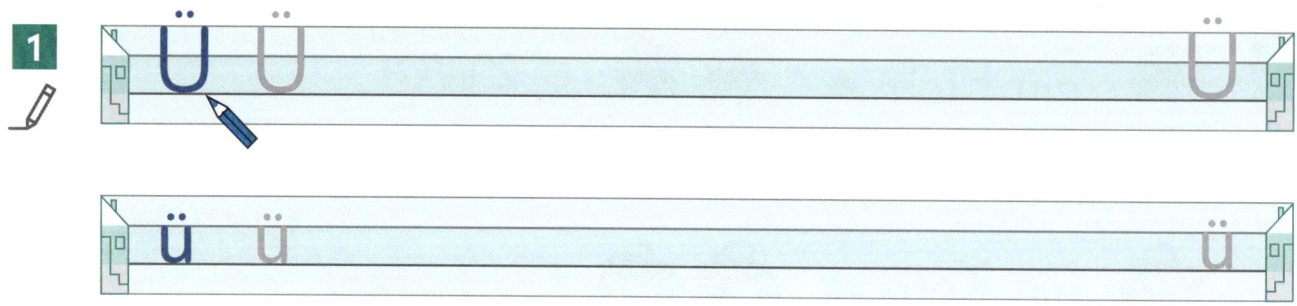

2

3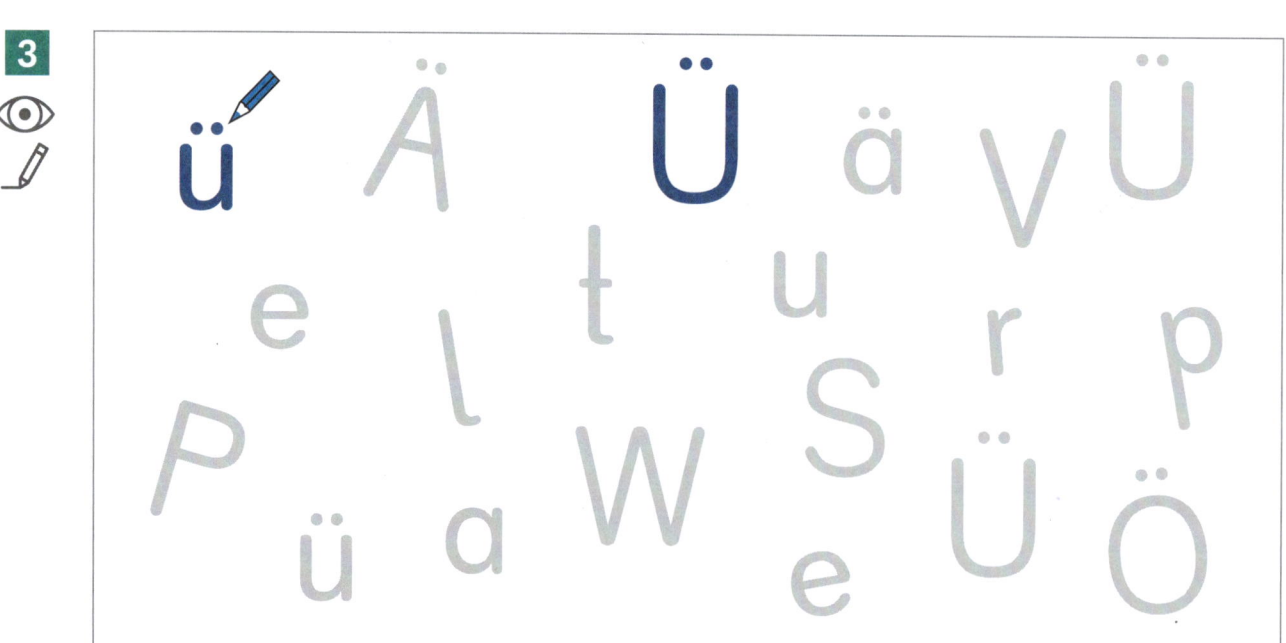

Aufgabe 1: Ü/ü nachspuren und Restzeile entsprechend füllen
Aufgabe 2: Ü einkreisen
Aufgabe 3: alle Ü/ü nachspuren

📖 Nach dem Kochen

Papa kümmert sich in der Küche
um den Biomüll.
Kartoffelschalen und Gemüseabfälle
gehören in die Biotonne.

Mo und Lisa sammeln für
diese Tonne den Wertstoff-Müll:
die Plastik-Schale der Pilze,
die leere Milchtüte …

Mama findet noch das leere Tomatenglas.
Wo soll das hin?
Morgen früh kommt das Müllauto
und holt den Müll ab.

1 Was gehört in den Papiermüll?

Eierkarton    Chipstüte ☐   Pappkarton ☐

Zettel ☐   Papiertüte ☐   Milchtüte ☐

Aufgabe: Überschrift und Text lesen, Bilder betrachten
Aufgabe 1: Frage und Auswahlwörter lesen, richtige Begriffe ankreuzen

APP   39

1

Hüte
Tüte

Küsse
üsse

Tücher
ücher

Würste
ürste

2

Tür   Füller   Mülltonne

F

3 In der Küche flustern unsere Eltern
uber den Urlaub in funf Wochen.

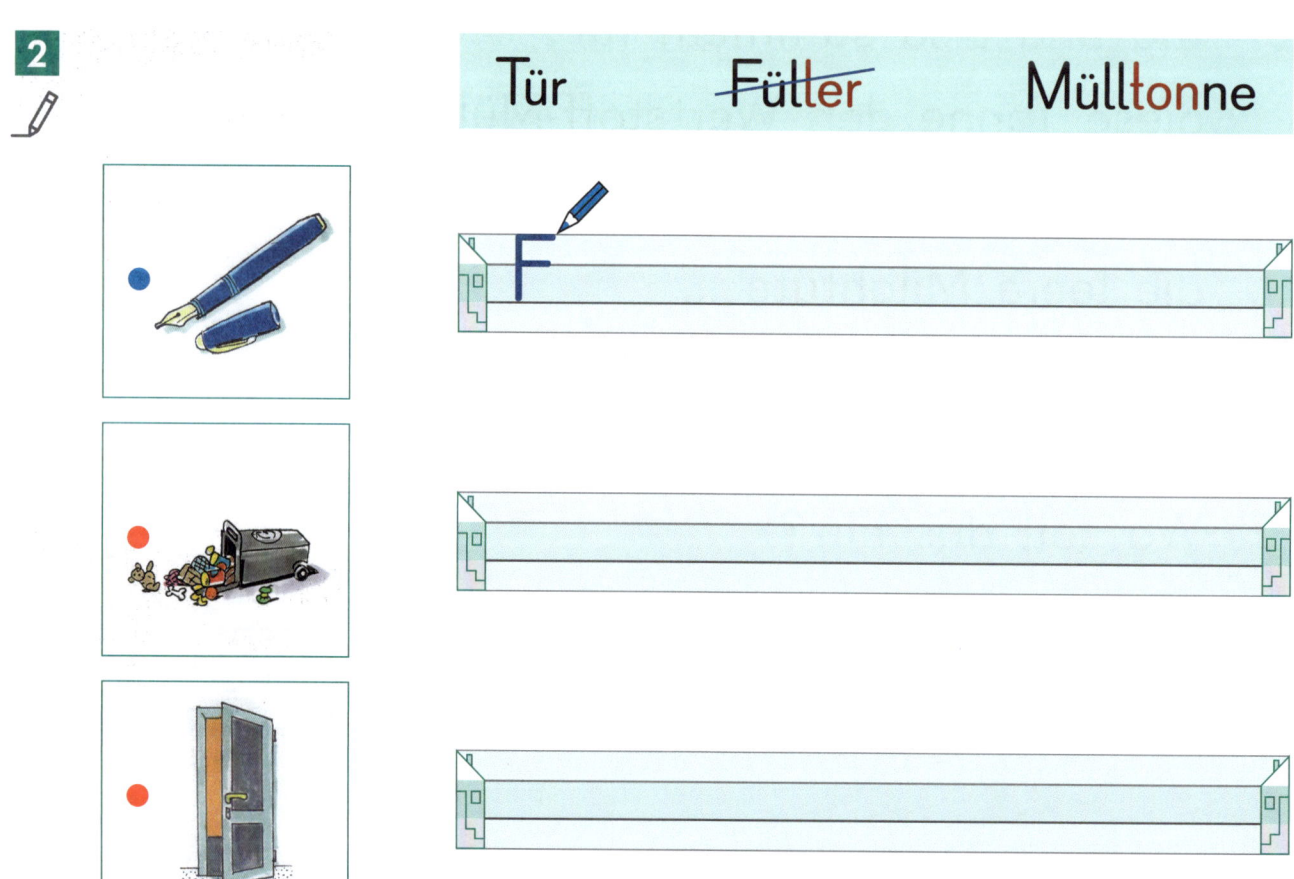

Aufgabe 1: Wort lesen, Bild betrachten und Begriff (Reimwort) benennen, Buchstaben ergänzen und nachspuren
Aufgabe 2: Wörter im Kasten lesen, Begriff benennen, Nomen dem richtigen Bild zuordnen und schreiben
Aufgabe 3: Satz lesen und Striche über dem Ü/ü ergänzen

1 eine Nuss ➡ zwei Nüsse

ein Hut ➡ zwei

ein Stuhl ➡ zwei

eine Kuh ➡ zwei

2

Papa stellt die Milchtüte raus. ☐
Papa stellt die Mülltonne raus. ☒

Lisa wirft Müll in die Tonne. ☐
Lisa wirft Stühle in die Tonne. ☐

Der Traktor holt den Müll ab. ☐
Das Müllauto holt den Müll ab. ☐

Aufgabe 1: Begriff benennen, Wort mit Artikel lesen, Begriff in der Mehrzahl benennen, nachspuren
und Wort in der Mehrzahl schreiben (u → ü)
Aufgabe 2: Bild betrachten, Sätze lesen und zum Bild passenden Satz ankreuzen

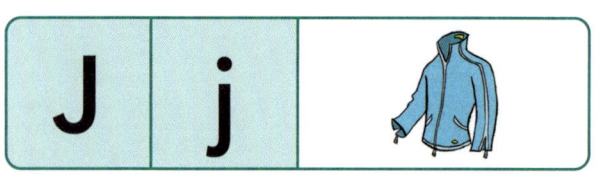

1

J J J J J

J J J J J

2

1 J

1 j 2

3

J J J J J J J J J J J J

J J

j j j j j j j j j j j j j

j j

Aufgabe 1: Schwungübung
Aufgabe 2: J/j nachspuren
Aufgabe 3: J/j nachspuren und Restzeile entsprechend füllen

APP

Aufgabe 1: J/j einkreisen
Aufgabe 2: alle J/j nachspuren

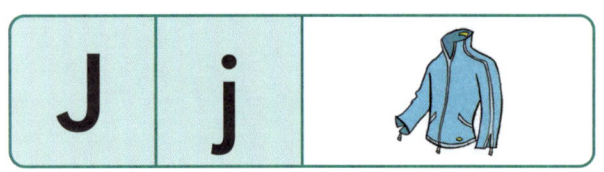

📖 Das Jahr hat zwölf Monate.

Wir teilen es in vier Jahreszeiten ein.

In jeder Jahreszeit gibt es

ein bestimmtes Wetter.

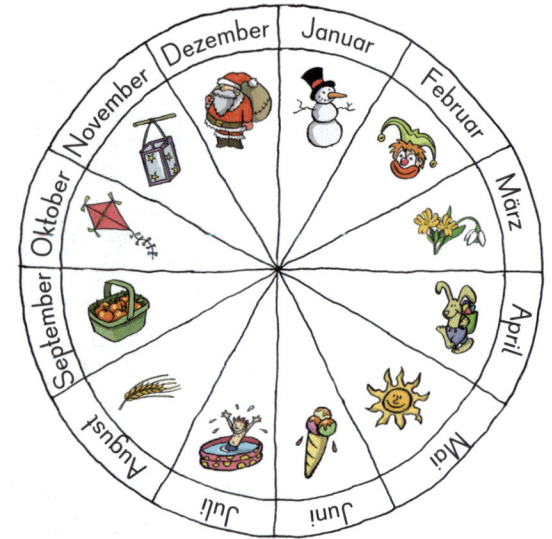

Im März, April und Mai

wird es wieder wärmer.

Erste Blumen blühen.

Juni, Juli und August nennen wir Sommer.

Das ist bei uns die heißeste Jahreszeit.

Im September, Oktober und November

weht der Wind oft stark.

Das ist der Herbst.

Dezember, Januar und Februar sind

die kältesten Monate. Es ist Winter.

Manchmal schneit es dann sogar.

1 Das Jahr

	ja	nein

Im März, April und Mai
wird es wieder wärmer.

| | ☒ | ☐ |

Im Juni, Juli und August
jammern alle über viel Wind.

| | ☐ | ☐ |

Jeden September, Oktober
und November ist Sommer.

| | ☐ | ☐ |

Im Dezember, Januar und Februar
schneit es manchmal.

| | ☐ | ☐ |

J j

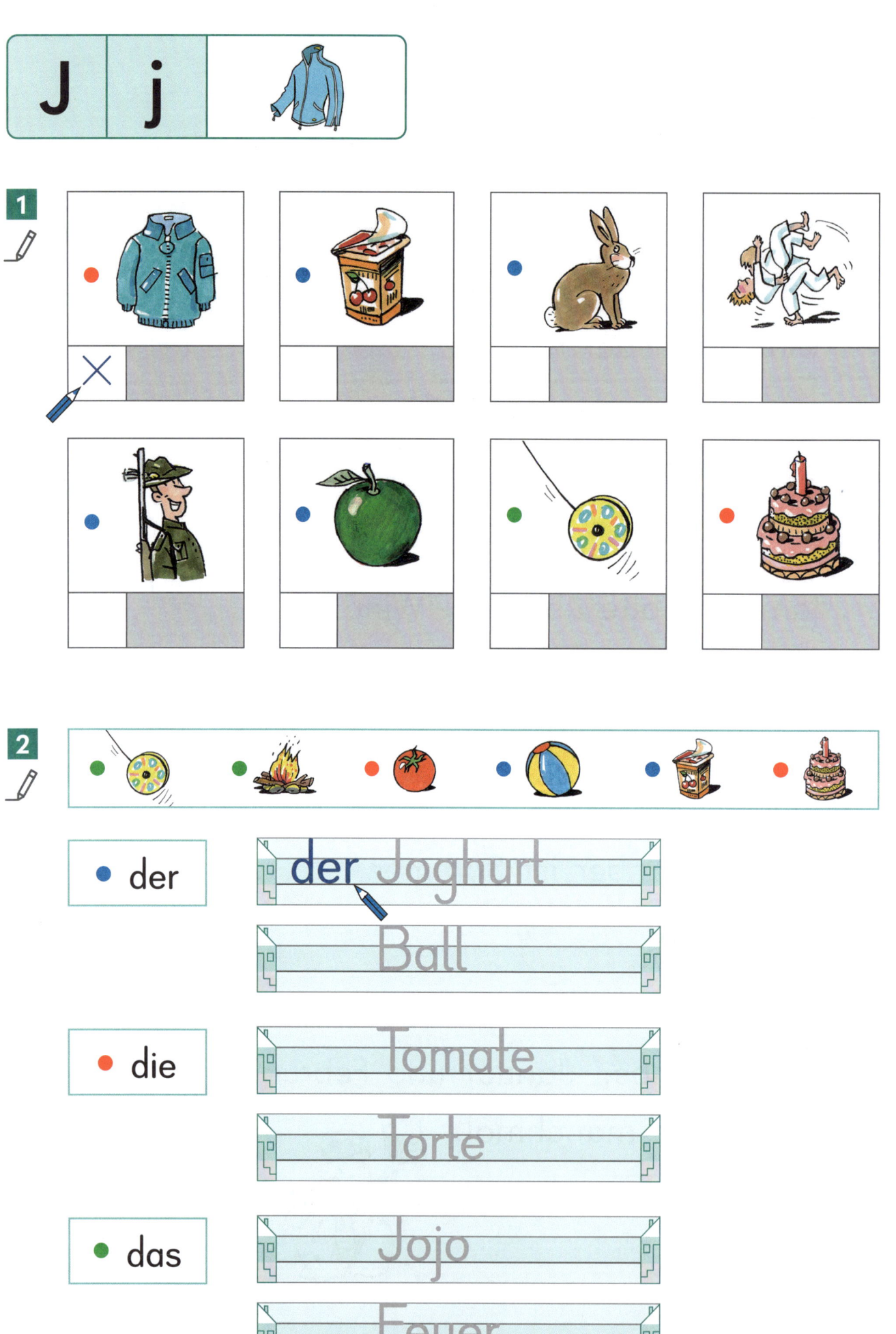

1

2

• der	**der** Joghurt
	Ball
• die	Tomate
	Torte
• das	Jojo
	Feuer

Aufgabe 1: Begriffe abhören und ankreuzen, ob der J/j-Laut am Wortanfang zu hören ist
Aufgabe 2: Begriffe benennen, Artikel ergänzen und Wort nachspuren

1

Im Joghurt ist Melone. ☐

Im Joghurt sind Kirschen. ☒

Der Judoanzug ist rot. ☐

Der Judoanzug ist weiß. ☐

Das Jahr hat zwölf Monate. ☐

Das Jahr hat zwei Monate. ☐

2

jubeln	~~jaulen~~	jagen

Der Hund   jault.

Der Sportler   jubel

Die Katze

Aufgabe 1: Bild betrachten, Sätze lesen und zum Bild passenden Satz ankreuzen
Aufgabe 2: Bild betrachten, Satzanfang lesen, passendes Verb auswählen und in der 3.Person Einzahl aufschreiben

1 Setze die Wörter richtig ein.

heiß	~~liegt~~	Fieber

Sami **liegt** im Bett.

Ihm ist so _____ .

Er hat _____ .

weiß	kann	fährt

Heute **k**_____ er nicht draußen spielen.

Dabei _____ Sami so gern Rad.

Er _____ nicht, was er machen soll.

kommt	schaut

Da _____ Besuch.

Mo _____ vorbei.

APP

Pf | **pf**

1

Pf pf

2

Pf Pf   Pf

pf pf   pf

3

Pfanne   Topf   pflegen

Apfel   Kopf   Pflaume

Pferd   Zopf   hüpfen

Aufgabe 1: Pf/pf nachspuren
Aufgabe 2: Pf/pf nachspuren und Restzeile entsprechend füllen
Aufgabe 3: Pf/pf einkreisen

APP

📖 In der Bücherei

Lisa braucht für ein Referat
Infos über Pflanzen.

Sie überlegt pfeilschnell:
„Mama ist noch nicht zu Hause.
Sie schimpft, wenn ich alleine
an den Rechner gehe.
Deshalb stapfe ich lieber in die Bücherei
neben der Schule."

Mo hüpft herbei.
Er will mit Lisa
in die Bücherei.

In der Bücherei sitzt Frau Pfeifer:
„Hallo! Ich kümmere mich hier um
die Bücher. Habt ihr Fragen?"

Lisa sagt: „Ich suche etwas über Pflanzen."

Frau Pfeifer klopft an ein Regal:

„Hier stehen Bücher über Pflanzen.

Folge dem Pfeil. Dort findest

du einen Rechner.

Dann kannst du auch im Internet

zu Pflanzen surfen (sprich: sörfen)."

Mo pfeift begeistert.

„Pfeifen ist hier aber nicht erlaubt", sagt Lisa.

	ja	nein
1 Braucht Lisa Bücher über Pferde?		
Ist Mama zu Hause?		
Pfeift Mo?		

Pf pf

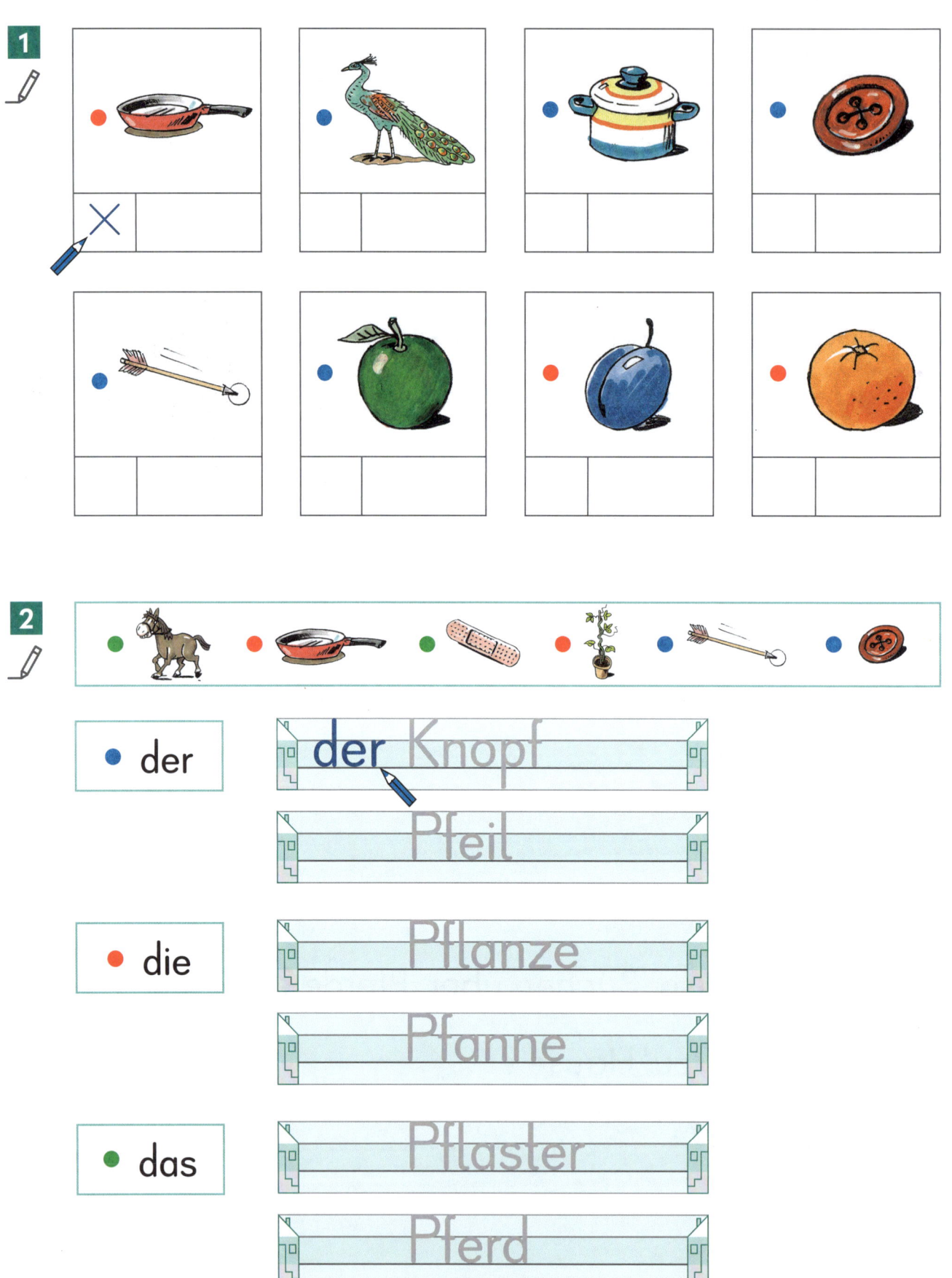

1

2

• der — der Knopf / Pfeil

• die — Pflanze / Pfanne

• das — Pflaster / Pferd

Aufgabe 1: Begriffe abhören und ankreuzen, ob der Pf/pf-Laut am Wortanfang oder später im Wort zu hören ist
Aufgabe 2: Begriffe benennen, Artikel ergänzen und Wort nachspuren

1

Die Pflau**me** ist gelb. ☐

Die Pflau**me** ist blau. ☒

Das Kind hat e**i**n**en** Zopf. ☐

Das Kind hat zwei Zöp**fe**. ☐

Die Pflan**ze** hat ei**ne** Blü**te**. ☐

Die Pflan**ze** hat kei**ne** Blü**te**. ☐

2

| hüp**fen** | ~~klop**fen**~~ | pfei**fen** |

Der Specht   klopft.

Mo

Lisa

Aufgabe 1: Bild betrachten, Sätze lesen und zum Bild passenden Satz ankreuzen
Aufgabe 2: Bild betrachten, Satzanfang lesen, passendes Verb auswählen und in der 3.Person Einzahl aufschreiben

ng

1

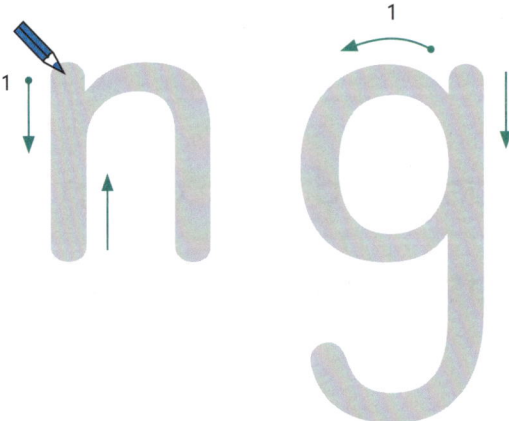

n g

2

ng ng ng ng ng ng ng ng ng

ng ng

3

Vorhang

Zunge

Junge

Ring

Zange

Schlange

lang

streng

Aufgabe 1: ng nachspuren
Aufgabe 2: ng nachspuren und Restzeile entsprechend füllen
Aufgabe 3: ng nachspuren

APP

📖 Was ist los mit Ingo?

Eigentlich ist Ingo ein lustiger Junge.

Lisa kennt ihn gut.

Aber lustig ist Ingo schon lange nicht mehr.

Lisa fragt ihn: „Was ist denn los?

Du hängst hier wie ein alter Pudding.

Mit dir kann man ja nichts mehr anfangen!

Hast du Angst oder so?"

Ingo springt auf:

„Warum soll ich Angst haben?

Du hast doch keine Ahnung."

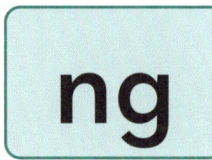

ng

Lisa sagt nichts. Es ist lange still.

Ingo sagt leise:
„Papa will sich von
Mama trennen."
Es klingt, als ob er weint.

„Meine Eltern sind auch getrennt", sagt Lisa.
„Wie ist das so?", will Ingo wissen.
Lisa antwortet: „Solange Mama und Papa
nicht anfangen zu streiten, ist es in Ordnung.
Ich verbringe trotzdem viel Zeit mit beiden."

	ja	nein
1 Kennt Lisa Ingo gut?	☒	☐
Hat Ingo Angst?	☐	☐
Wohnen Lisas Eltern zusammen?	☐	☐

APP

1

• der   der Ring

Engel

• die   Schlange

Angel

2

~~bringen~~   fangen   singen   springen   hängen

wir bringen	ich bringe
wir	ich
wir	ich
wir	ich
wir	ich

Aufgabe 1: Begriffe benennen, Artikel ergänzen und Wort nachspuren
Aufgabe 2: Verben aus dem Kasten in die 1.Person Mehrzahl und die 1. Person Einzahl setzen und schreiben

57

Lange Wörter

Nach dem Schulfest gab es einen

Papier ...

Papiertüten ...

Papiertütenmüll ...

Papiertütenmüllhaufen

Ein Fest im Sommer ist das

Sommer ...

Sommerferien ...

Sommerferienende ...

Sommerferienendefest

Joghurtbecher

Brötchen

C c 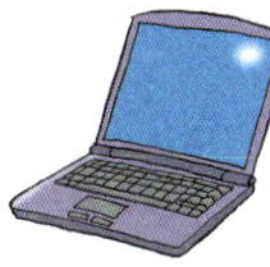

1

1

C

1

c

2

C C C

c c c

3

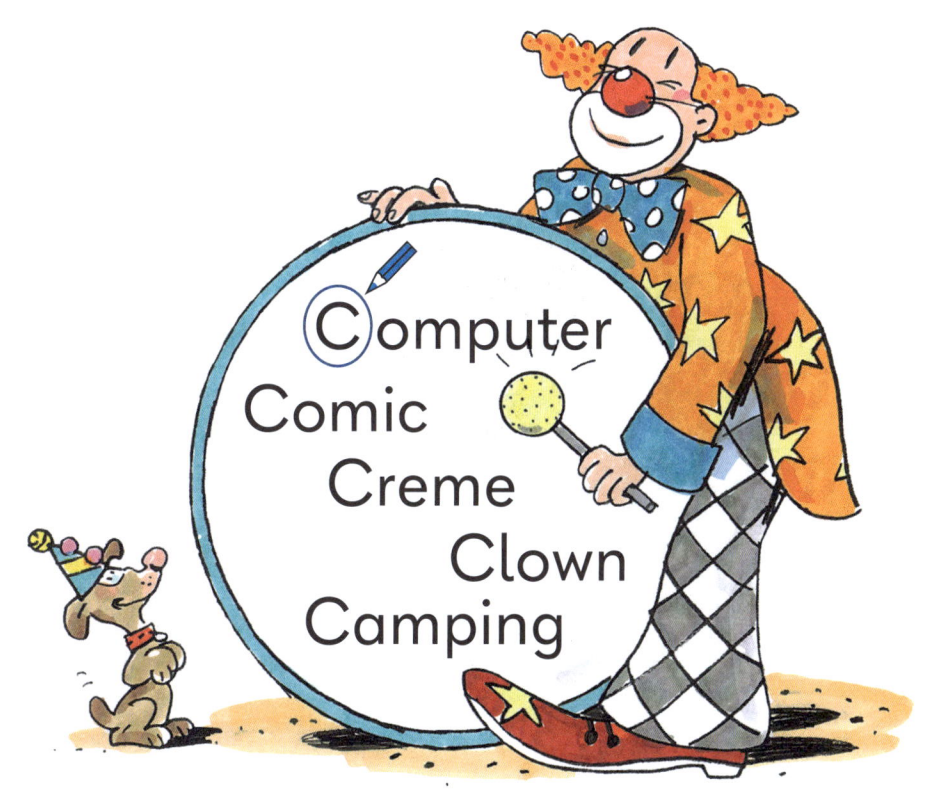

Computer
Comic
Creme
Clown
Camping

Aufgabe 1: C/c nachspuren
Aufgabe 2: C/c nachspuren und Restzeile entsprechend füllen
Aufgabe 3: C/c einkreisen

APP

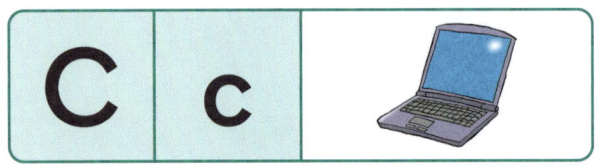

📖 Der Computer

Nach der Schule ist Pepe gern mal
am Computer (sprich: Kompjuter).
Heute darf er für den Ausflug mit
der Familie einen Campingplatz suchen.

Wie das geht, hat Pepe in
der Schule gelernt.
Das findet seine Mutter cool (sprich: kuhl).
Echt gut, dass Pepe sich
die Anleitung gemerkt hat.

Aufgabe: Überschrift und Text lesen

So war die Anleitung:

1. Schalte den Computer an.
2. Öffne mit dem Cursor (sprich: Körser) das Internet.
3. Gib die Adresse einer Suchmaschine für Kinder ein.
4. Klicke auf „Suchen" oder auf die Lupe.

Mama kommt bei einem Rätsel nicht weiter.
„Pepe, kennst du einen Namen mit C?
Er muss fünf Buchstaben haben."
Pepe schaut im Internet nach Namen.
Er findet: Carmen, Clas, Carla, Cora, Cem.
„Mama, Carla hat fünf Buchstaben."

1 Welchen Namen findet Pepe für Mama?

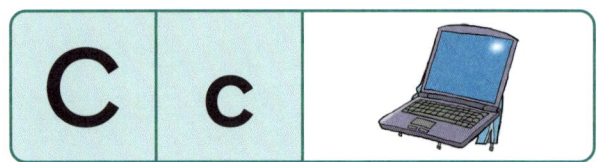

1

 Ist das eine Zahnpasta?

Nein, das ist 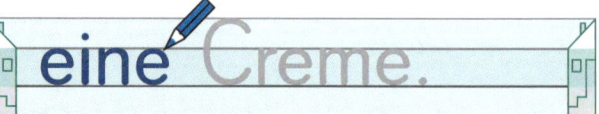 **eine** Creme.

 Ist das ein Computer?

Ja, das ist ein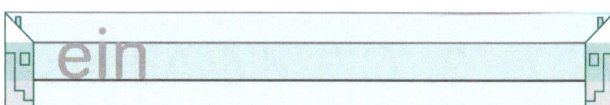

 Ist das ein Engel?

Nein, das ist ein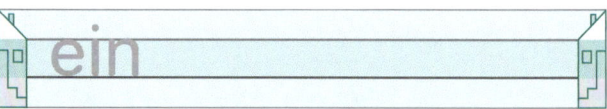

 Ist das ein Comic?

Ja, das ist ein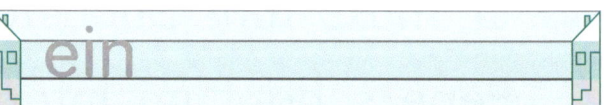

2 C/c wie in

 Computer, Popcorn, Comic

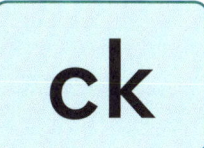

ck

1

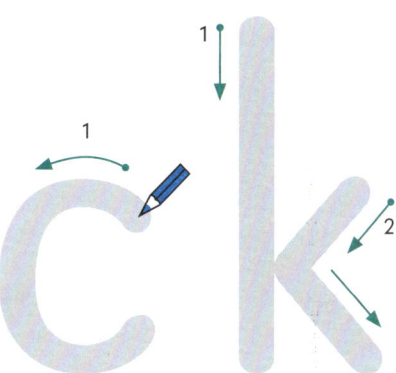

2

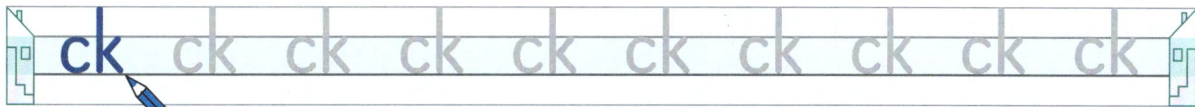

ck ck ck ck ck ck ck ck ck ck

ck   ck

3

Bäcker
Fleck
Deckel Socke
Zucker Mücke Decke

backen locker packen
lecker dick

Aufgabe 1: ck nachspuren
Aufgabe 2: ck nachspuren und Restzeile entsprechend füllen
Aufgabe 3: ck einkreisen

APP   **63**

ck

📖 **Tassen-Kuchen**

Zutaten:

1 EL*	Zucker		5 EL	Milch
2 EL	Mehl		1 EL	Öl
3 EL	Haferflocken			
1 EL	Schokopulver			
etwas	Backpulver		*El = Esslöffel	
ganz wenig	Salz			

1. Gib alle trockenen Zutaten in
   eine Tasse. Vermische alles locker.

2. Dann die flüssigen Zutaten dazupacken.
   Alles gut vermengen. Nicht kleckern!

3. Alles 80 Sekunden
   bei 700 Watt
   in die Mikrowelle geben.

📖 Der Bäcker

Das ist Nick.

Nick ist Bäcker.

Er arbeitet in der Backstube.

Nick backt Brot, Brötchen und Kuchen.

Heute hat er eine Torte

mit rosa Zuckerguss

gebacken.

1 Welchen Beruf hat Nick?

Nick ist Bäcker.

Nick ist Arzt. ☐

Wo arbeitet Nick?

Nick arbeitet im Keller. ☐

Nick arbeitet in der Backstube. ☐

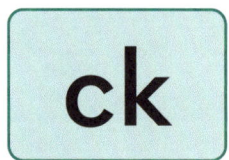

1

 Ist das ein Bä**cker**?

Ja, das ist 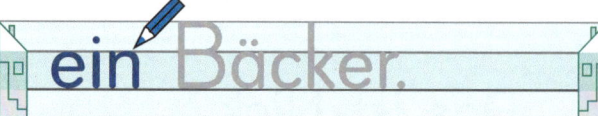 ein Bäcker.

 Ist das ein Mehl**sack**?

Nein, das ist 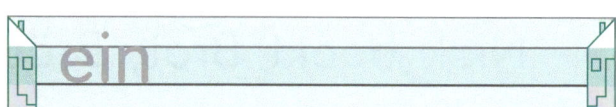 ein

 Ist das ein Ku**chen**?

Ja, das ist 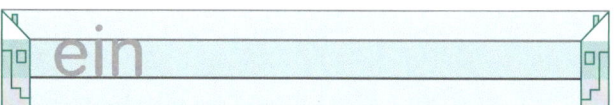 ein

2

ba**cken**   ki**cken**   pa**cken**   gu**cken**

wir ba**cken**   ich ba**cke**

wir   ich

wir   ich

wir   ich

Aufgabe 1: Begriff benennen, Frage lesen und Antwort vervollständigen
Aufgabe 2: Verben aus dem Kasten in die 1.Person Mehrzahl und die 1. Person Einzahl setzen und schreiben

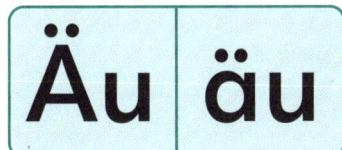

1

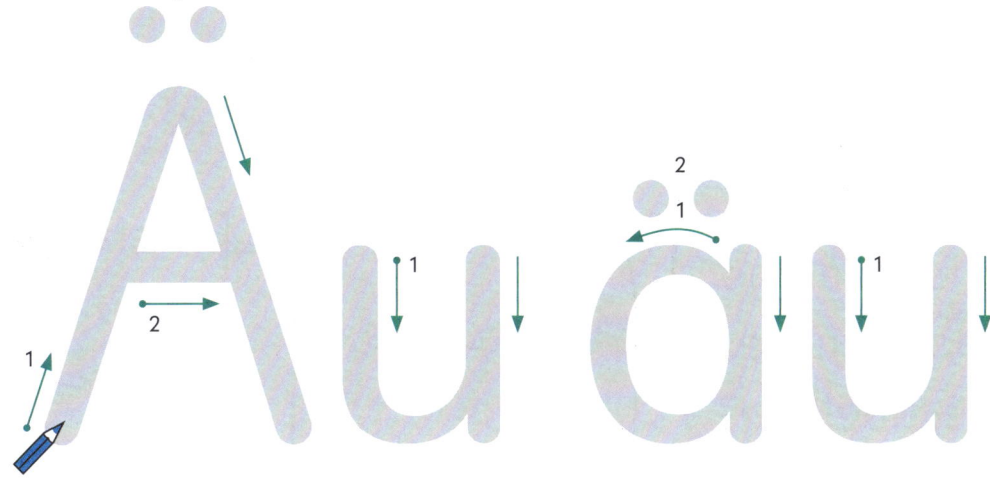

2

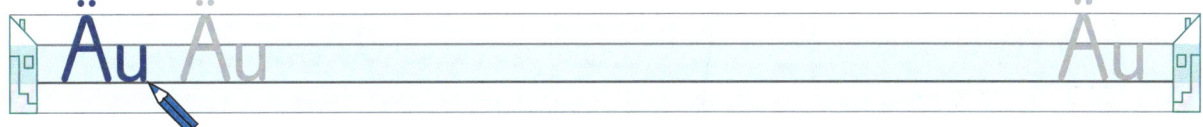

Äu Äu   Äu

äu äu   äu

3

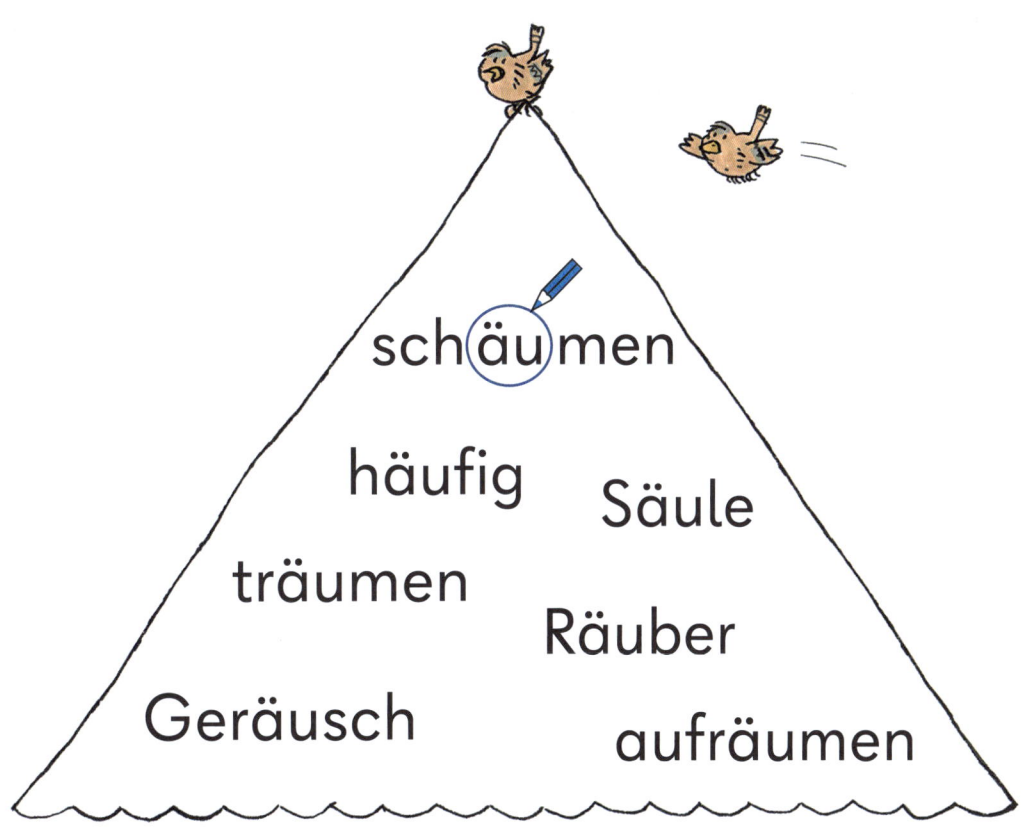

sch(äu)men

häufig   Säule

träumen

Räuber

Geräusch   aufräumen

Aufgabe 1: Äu/äu nachspuren
Aufgabe 2: Äu/äu nachspuren und Restzeile entsprechend füllen
Aufgabe 3: äu einkreisen

APP   **67**

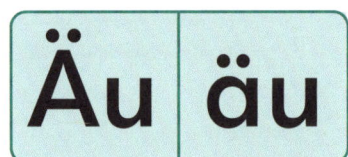

Äu äu

📖 **Träume**

Ich träume:
Ich bin der
schnellste
Läufer der
ganzen
Welt.

Ich träume,
dass ich
über Häuser
und Bäume
fliege.

Ich träume
von einem
Haus mit
vielen Räumen.
Und ich habe
ein eigenes
Zimmer.

1 Ich träume

Aufgabe: Überschrift und Text lesen
Aufgabe 1: einen Text abschreiben; optional: einen eigenen Text zum Träumen schreiben

1

2

3

Lena träumt:

2 Ich springe mit meinem Pferd über
alle Zäune.

Lisa träumt:

Ich bin die schnellste Läuferin.

Lola träumt:

Ich wohne in einer Villa mit
vielen Räumen.

Lies den Zungenbrecher ganz oft.
Lies immer schneller.

Räuber mit Läusen träumen
von gräulichen Mäusen.

Aufgabe 1: Bilder betrachten, Text lesen, Bild dem Text zuordnen und die richtige Zahl eintragen
Aufgabe: Zungenbrecher mehrfach lesen und dabei jedes Mal ein wenig schneller werden

69

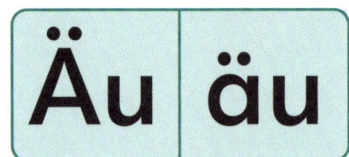

1

eine Braut ➡ **zwei** Bräute

eine Maus ➡  zwei

eine Laus ➡  zwei

eine Faust ➡ 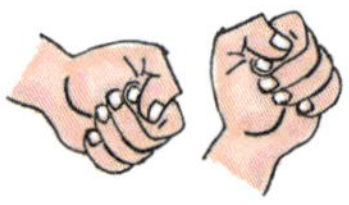 zwei

2

Mo läuft im Wald. ☒

Mo läuft im Stadion. ☐

Der Räuber hat ein Auto. ☐

Der Räuber hat einen Hut. ☐

Der Verkäufer trägt eine Mütze. ☐

Der Verkäufer trägt eine Brille. ☐

Aufgabe 1: Begriff benennen, Wort mit Artikel lesen, Begriff in der Mehrzahl benennen, nachspuren und Wort in der Mehrzahl aufschreiben (au → äu)
Aufgabe 2: Bild betrachten, Sätze lesen und zum Bild passenden Satz ankreuzen

nk

1

2

nk nk nk nk nk nk nk nk nk nk

nk ... nk

3

Getränk   Onkel

krank   Geschenk

Punkt   danken

Bank   Schrank

winken   denken

Aufgabe 1: nk nachspuren
Aufgabe 2: nk nachspuren und Restzeile entsprechend füllen
Aufgabe 3: nk einkreisen

APP   71

nk

📖 Der Unfall

Ole ist mit Onkel Paul
auf einem Spielplatz.
Ole klettert flink hin und her.
Plötzlich ist er abgelenkt und fällt.

Ole schreit und winkt:
„Au, mein Bein."
Onkel Paul ruft gleich
einen Krankenwagen, der
Ole ins Krankenhaus bringt.

Dort stellt die Ärztin fest,
dass das Gelenk
gebrochen ist.
Die Ärztin zwinkert Ole zu:
„Jetzt bekommst du einen schlanken Gips.
Und in ein paar Wochen ist alles verheilt."

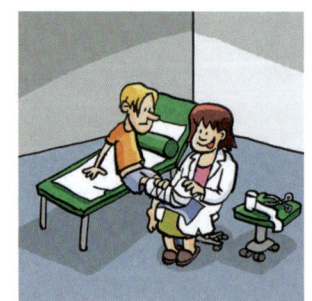

Onkel Paul und Lena besuchen Ole.
Onkel Paul bringt ihm ein
Geschenk mit. „Danke!", sagt Ole.

☑ 1 Ole fährt im Krankenwagen.

☐ Ole bekommt ein Geschenk.

☐ Sein Fußgelenk ist gebrochen.

1 Ole

2

3

1 ✏️

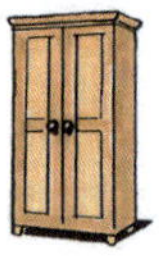

🗄️ ein Schrank ➡️ 🗄️🗄️ zwei Schränke ✏️

🪑 eine Bank ➡️ 🪑🪑 zwei _____

2 ✏️

Lisa ——— ein Buch.

Pepe ——— | schenkt | ——— Blumen.

Lena ——— einen Brief.

Lisa schenkt Blumen. ✏️

_____

_____

_____

_____

_____

Aufgabe 1: Begriff benennen, Wort mit Artikel lesen, Begriff in der Mehrzahl benennen, nachspuren und Wort in der Mehrzahl aufschreiben (a → ä)
Aufgabe 2: Name (Subjekt), Verb (Prädikat) und Nomen (Objekt) zusammenfügen und zum passenden Bild schreiben

Schreiben

 Lisa hat die Buchstaben ihres Namens
untereinander geschrieben.

Sie hat nur Großbuchstaben geschrieben.

Zu jedem Buchstaben schreibt Lisa
ein Wort oder eine Wortgruppe.

1 Lies und spure nach.

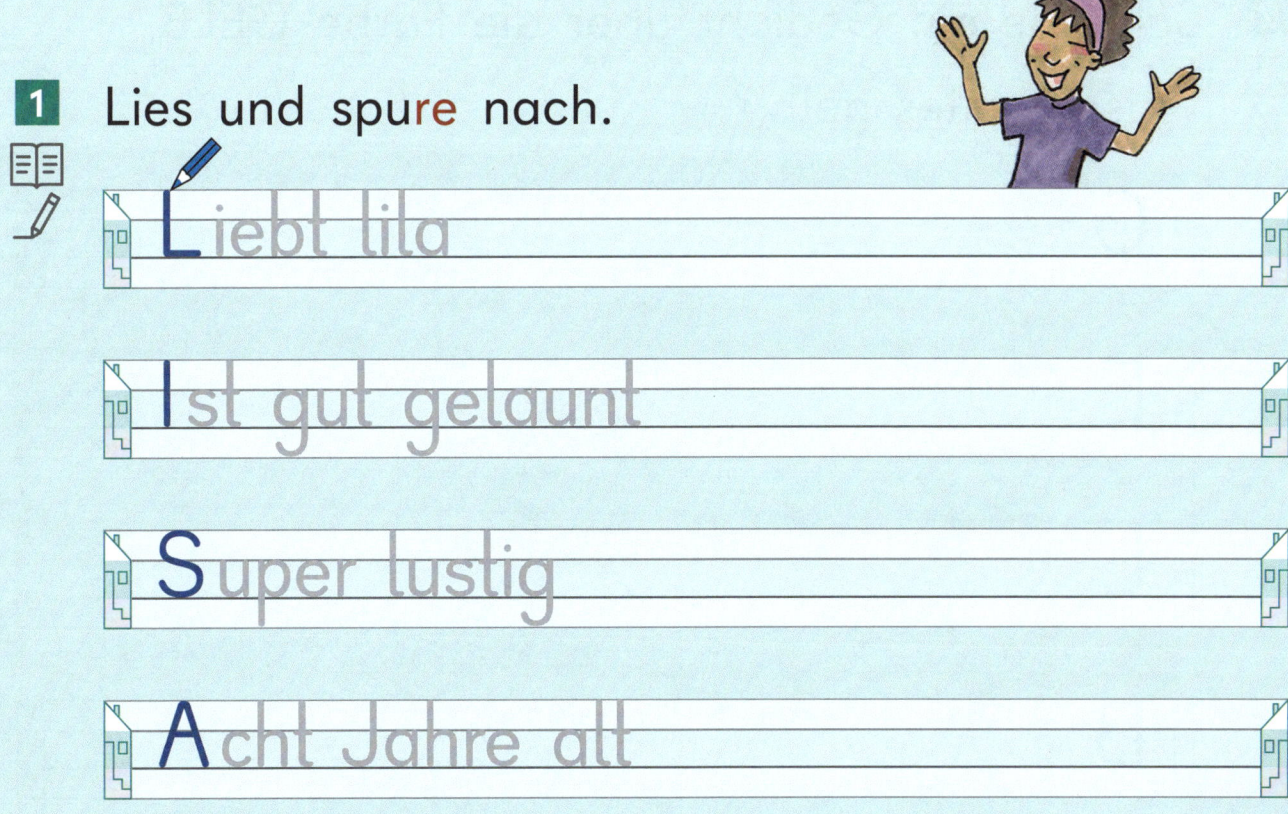

Liebt lila

Ist gut gelaunt

Super lustig

Acht Jahre alt

Schreiben

1 Schreibe ein Gedicht für Ali.
Die Wörter im Kasten helfen dir.

A

L

I

allein, aufmerksam, ist, immer, leise, lacht

2 Schreibe ein Gedicht über die Farbe GELB.
Was ist alles gelb?

G

E

L

B

Aufgabe 1: Aufgabe lesen, Wort oder Wortgruppe mit dem vorgegebenen Anfangsbuchstaben in jeder Zeile
aufschreiben; Anregungen für Wörter im Kasten darunter
Aufgabe 2: Aufgabe lesen, Wort oder Wortgruppe mit dem vorgegebenen Anfangsbuchstaben in jeder Zeile aufschreiben

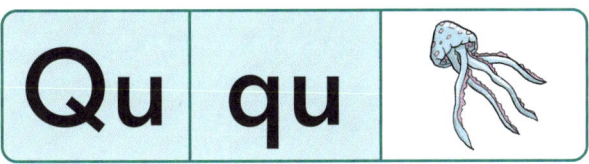

Qu **qu**

1

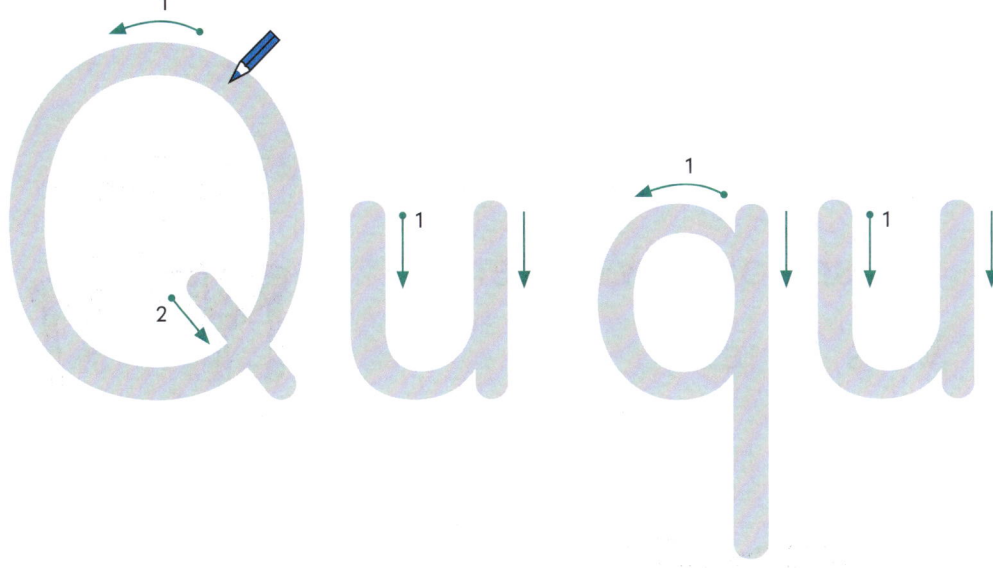

2

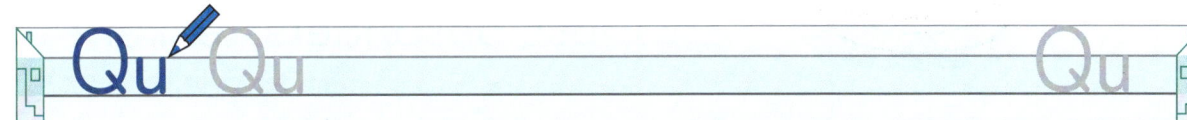

Qu   Qu   Qu

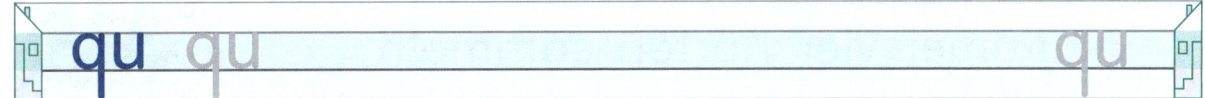

qu   qu   qu

3

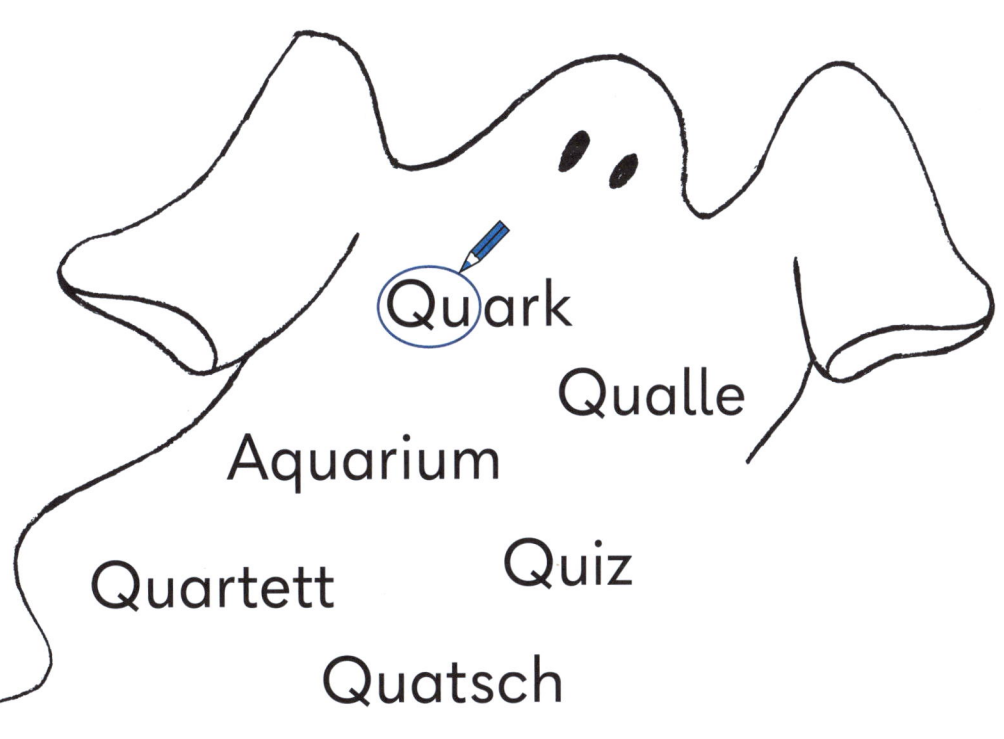

Quark

Qualle

Aquarium

Quartett

Quiz

Quatsch

Aufgabe 1: Qu/qu nachspuren
Aufgabe 2: Qu/qu nachspuren und Restzeile entsprechend füllen
Aufgabe 3: Qu/qu einkreisen

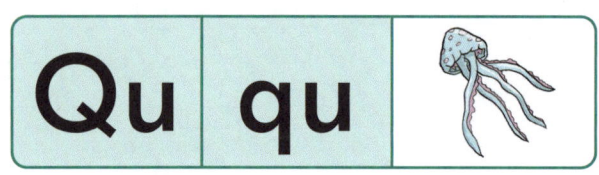

Qu | qu

 Quiz und Witze

1. Es leben Tiere darin.
   Es ist voller Wasser.
   Was ist es?

2. Was ist weiß, wird aus Milch gemacht und schmeckt mit Obst besonders lecker?

3. Ein Kartenspiel, bei dem man immer vier Karten sammeln muss. Wie heißt es?

1

| Q̶u̶i̶z̶ | Aquarium | Quartett | Quirl | Quark |

N	Q	U	I	Z	T	Q	U	M	S	T	Q	U	K
Q	U	F	A	X	H	D	A	Q	U	L	T	J	V
B	P	I	O	Q	U	A	R	K	U	P	W	M	P
Q	U	A	R	T	E	T	T	I	Q	U	I	R	L
S	H	Q	U	O	R	Q	U	T	O	T	X	Y	N
K	R	W	A	Q	U	A	R	I	U	M	V	B	Z

Aufgabe: Überschrift und Text lesen, Bild betrachten und Frage beantworten
Aufgabe 1: Wörter aus dem Kasten im Suchsel finden und einkreisen

1. Eine Qualle geht zum Arzt:

   „Ich brauche Hilfe.

   Mein linkes Bein ist gebrochen.“

2. Ein Mann mit Glatze setzt sich

   beim Frisör bequem in den Stuhl

   und sagt: „Bitte einmal polieren!“

3. Ein Frosch geht einkaufen.

   Fragt der Verkäufer:

   „Was möchten Sie?“

   „Quak“, antwortet der Frosch.

1 Welcher Witz gefällt den Kindern in

deiner Klasse am besten?

Frage nach und führe eine Strichliste.

Witz 1	Witz 2	Witz 3

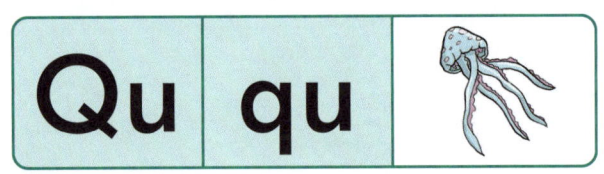

Qu qu

1

der   der   die   ~~das~~   das

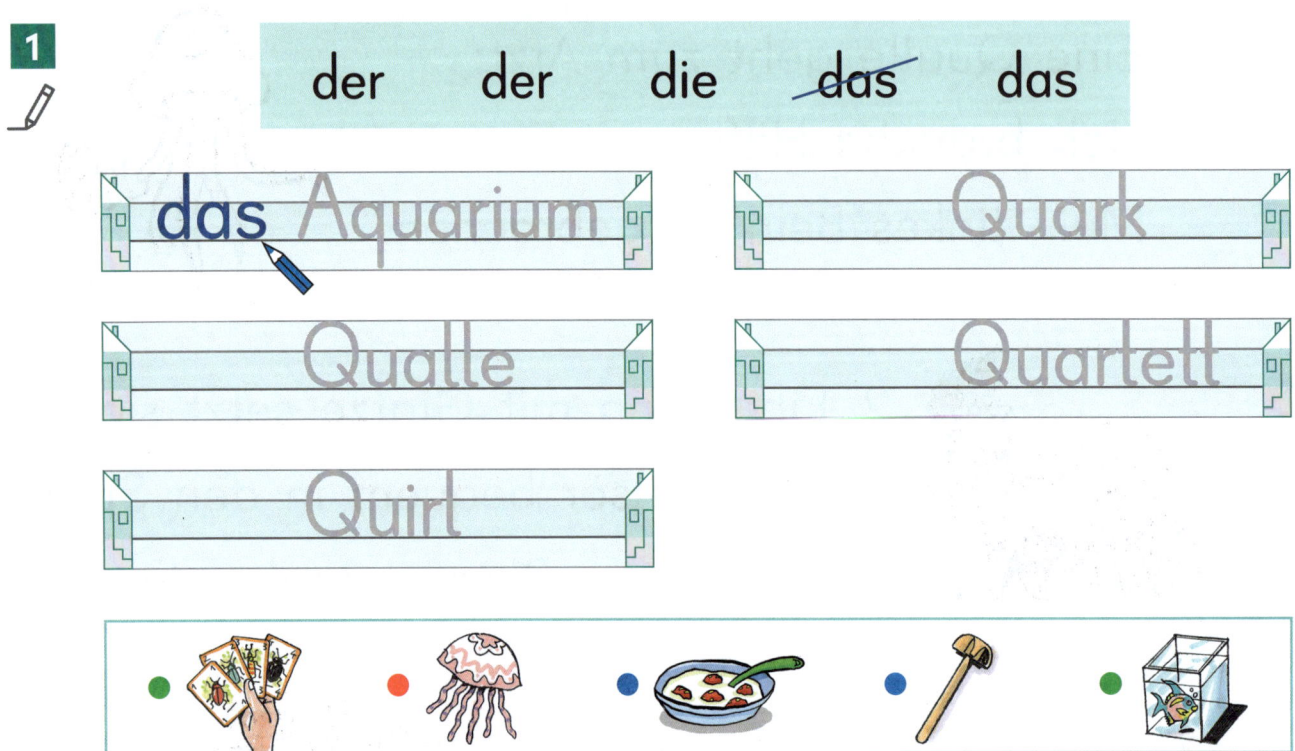

das Aquarium

Quark

Qualle

Quartett

Quirl

2

~~quietschen~~   quaken   quatschen   qualmen

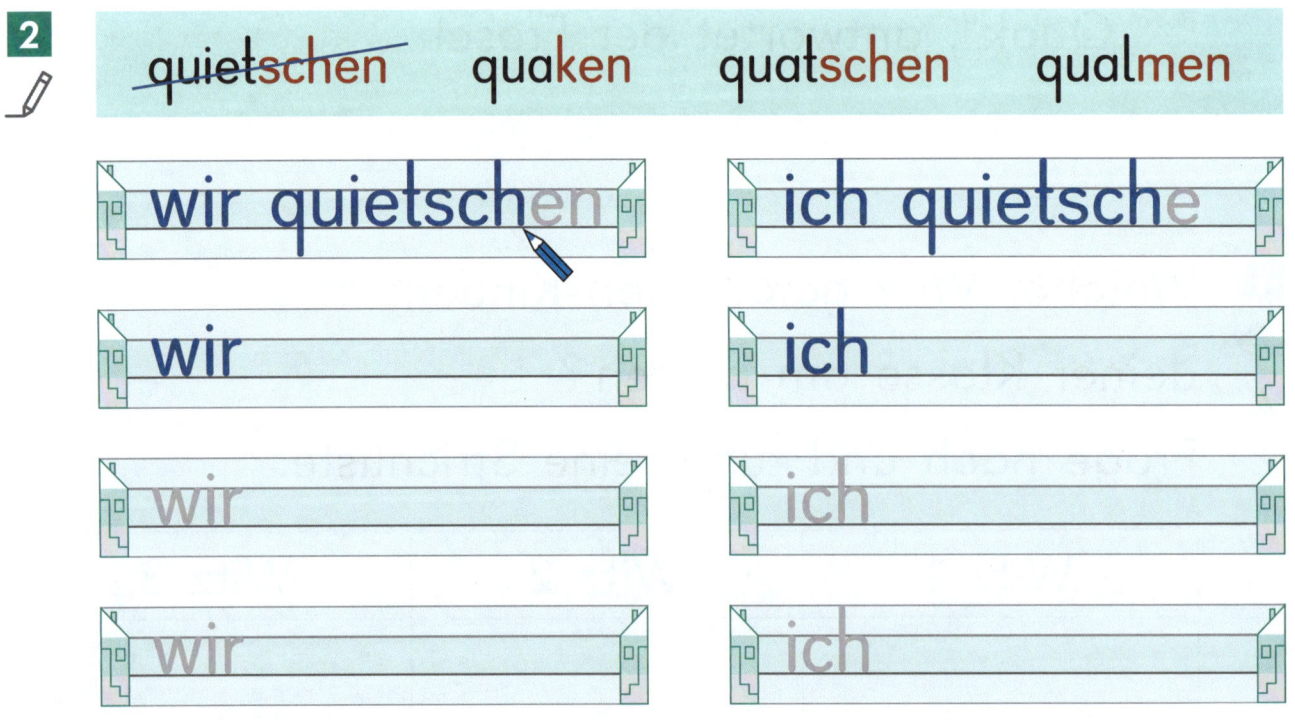

wir quietschen

ich quietsche

wir

ich

wir

ich

wir

ich

Aufgabe 1: Artikel dem Nomen zuordnen und schreiben, Nomen nachspuren; Selbstkontrolle über Bilder mit Artikelpunkten
Aufgabe 2: Verben aus dem Kasten in die 1.Person Mehrzahl und die 1. Person Einzahl setzen und schreiben

1

 Ist das eine Socke?

Nein, das ist  ein Quirl.

 Ist das eine Qualle?

Ja, das ist  eine

 Ist das ein Aquarium?

Ja, das ist 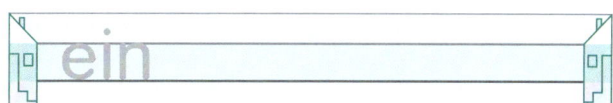 ein

2

quakt   ~~Enten~~   Quallen

Am Teich sind 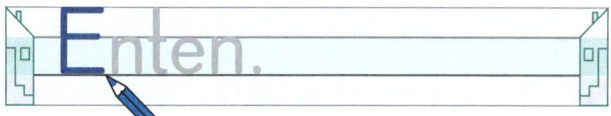 Enten.

Auf dem Stein sitzt ein Frosch

und 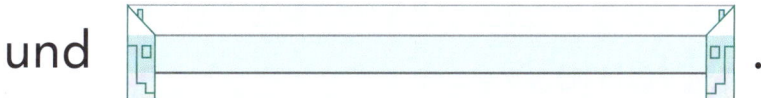 .

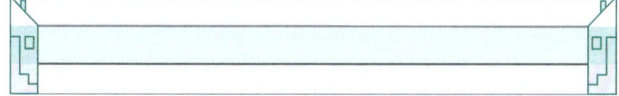 leben dort nicht.

Aufgabe 1: Begriff benennen, Frage lesen und Antwort vervollständigen
Aufgabe 2: Lückentext lesen und Wörter aus Kasten einsetzen

81

Ferientagebuch

Reitstunde

An einem Tag war ich morgens ganz
aufgeregt. Papa hatte mir eine Überraschung
versprochen. Wir sind lange mit dem Bus
gefahren. Dann waren wir auf einem Hof
und ich hatte meine erste Reitstunde. *Pepe*

Katzenkinder

Ich durfte in den Ferien drei Nächte
bei meiner Tante übernachten. Und genau in
dieser Zeit hat die Katze meiner Tante ihre
Jungen bekommen. Das war super. *Ela*

1

Ferienerlebnis	Name
Reitstunde	P
Katzenkinder	E

Aufgabe: Überschrift und Text lesen, feststellen, wer den Text geschrieben hat (Pepe, Ela)
Aufgabe 1: In der Tabelle die Namen der Kinder den Ferienerlebnissen richtig zuordnen und aufschreiben

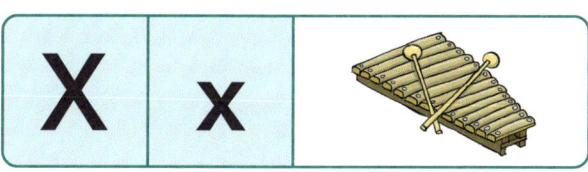

1

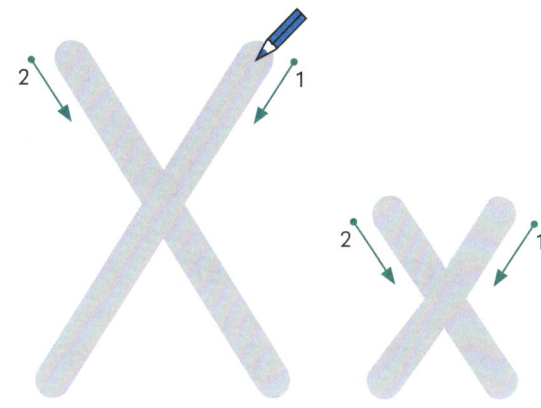

2

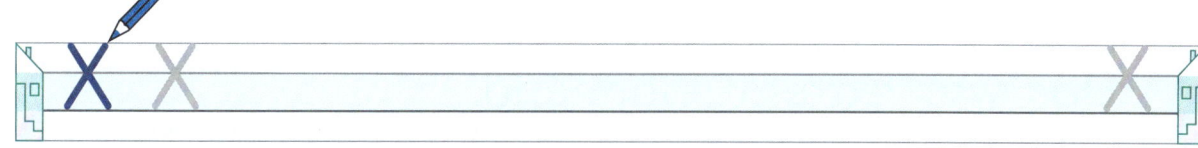

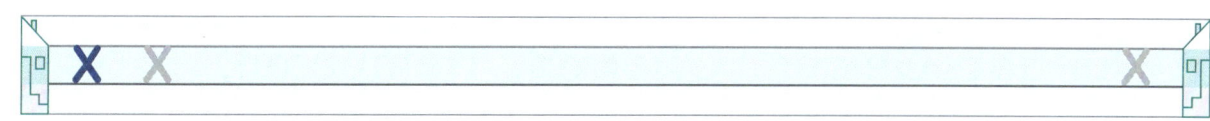

3

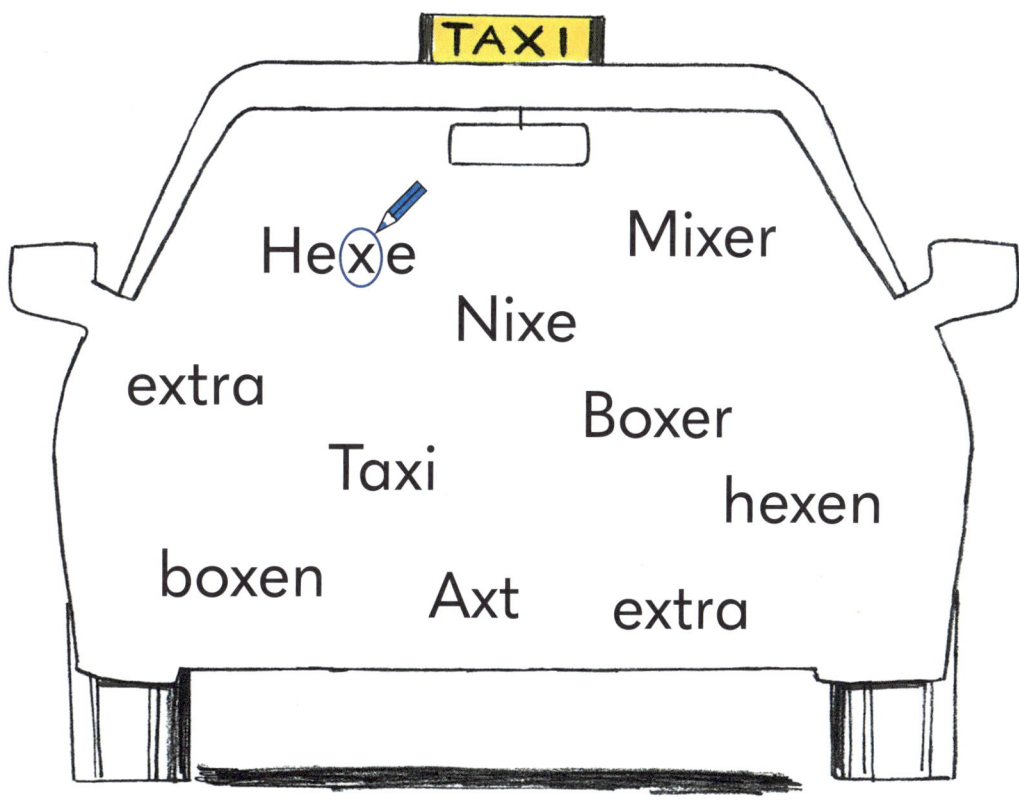

Hexe   Mixer

Nixe

extra

Boxer

Taxi

hexen

boxen   Axt   extra

Aufgabe 1: X/x nachspuren
Aufgabe 2: X/x nachspuren und Restzeile entsprechend füllen
Aufgabe 3: X/x einkreisen

APP   **83**

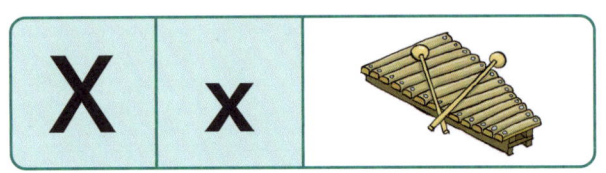

📖 Die Musik-Experten

In der Schule durften alle Kinder
Instrumente ausprobieren.
Für jedes Instrument gab es einen Experten.
Der Experte hat den Kindern immer
fix das Wichtigste erklärt.
Das war extrem spannend.

Es gab Geigen, Gitarren, Trompeten,
ein Klavier und noch vieles mehr.
Xenia hat das Saxofon ausprobiert.
Nun möchte Xenia verflixt
gern Saxofon lernen.

1 Welches Instrument willst du ausprobieren?

✎
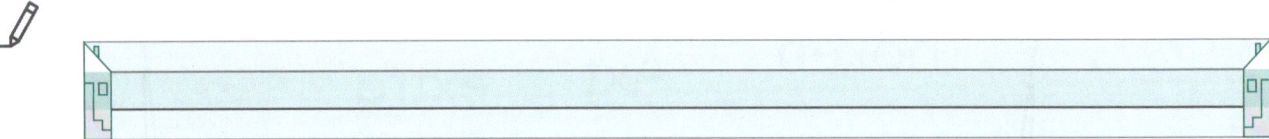

📖 Lies noch einmal den Text auf Seite 84.
Beantworte die Fragen.

1 Wer erklärt den Kindern das Wichtigste
zu den Instrumenten?

der

2 Welche Instrumente werden im Text genannt?

☒ Gitarre ☐ Flöte ☐ Pauke

☐ Geige ☐ Schlagzeug ☐ Posaune

☐ Trompete ☐ Klavier ☐ Saxofon

3 Welches Instrument hat Xenia ausprobiert?

Aufgabe 1: Arbeitsauftrag lesen, Antwort zur Frage aus dem Text auf S. 84 herauslesen (Musik-Experte)
und schreiben – Aufgabe 2: Frage lesen und Instrumente (Geige, Gitarre, Trompete, Klavier, Saxofon) ankreuzen
Aufgabe 3: Instrument (Saxofon) aufschreiben

85

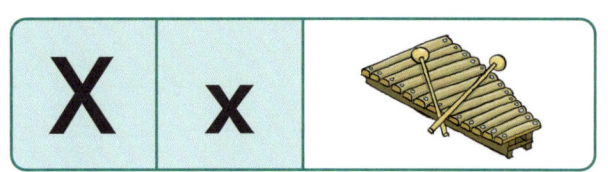

1

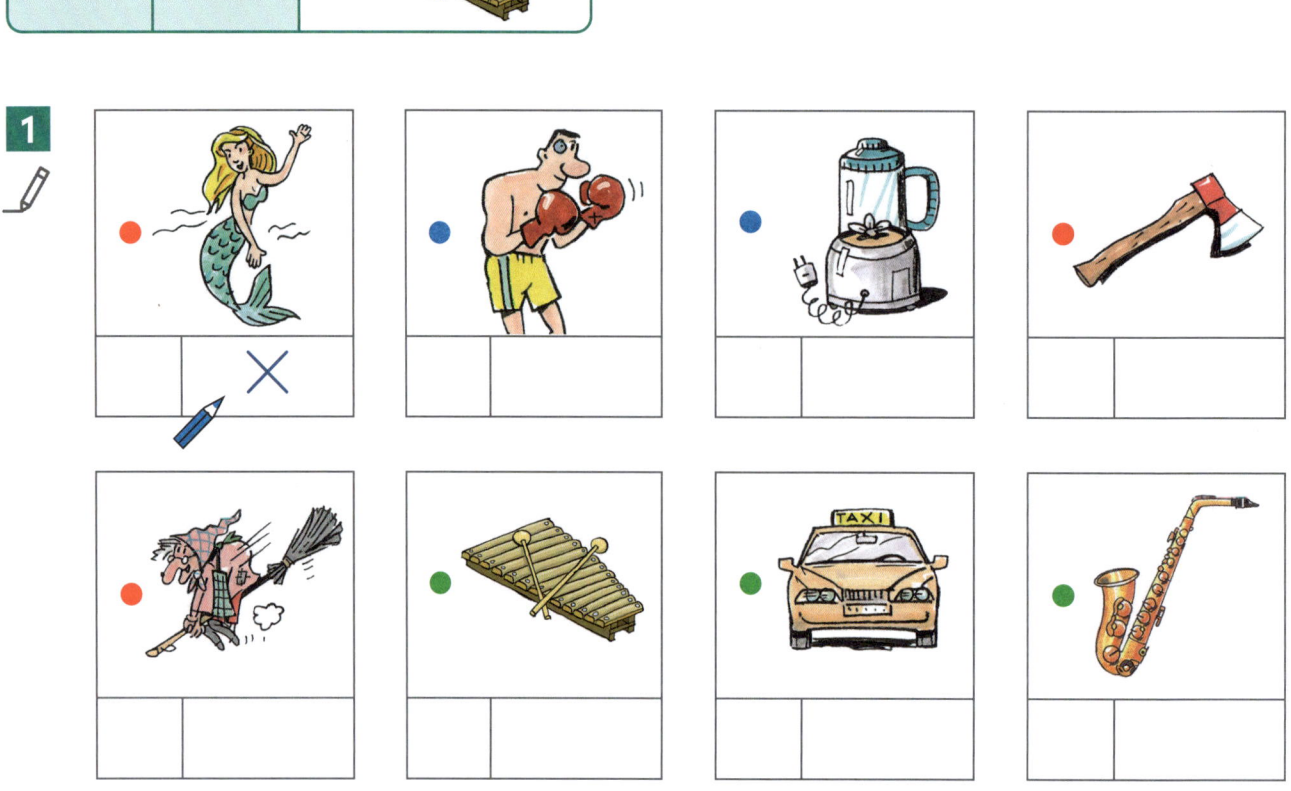

2

~~der~~ der die die die das

der Mixer | Axt

Hexe | Taxi

Boxer | Nixe

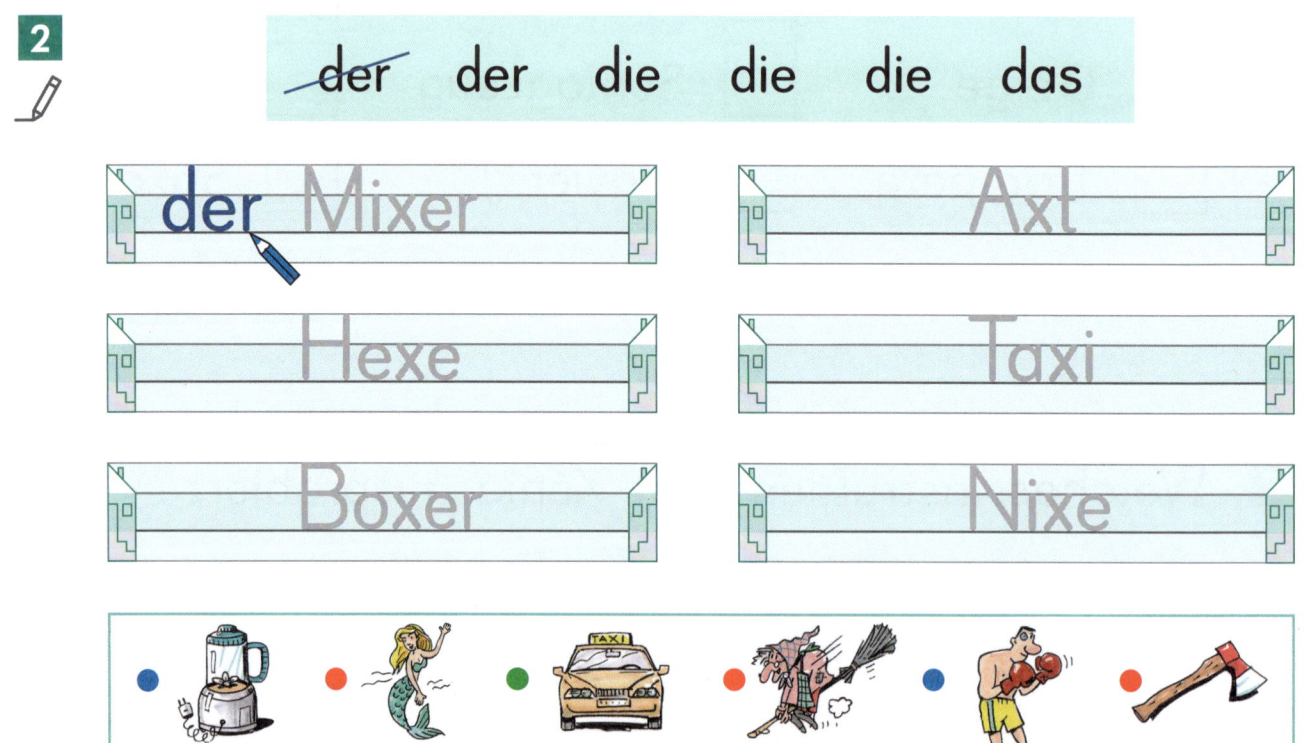

Aufgabe 1: Begriffe abhören und ankreuzen, ob der X/x-Laut am Wortanfang oder später im Wort zu hören ist
Aufgabe 2: Artikel dem Nomen zuordnen und schreiben, Nomen nachspuren; Selbstkontrolle über Bilder mit Artikelpunkten

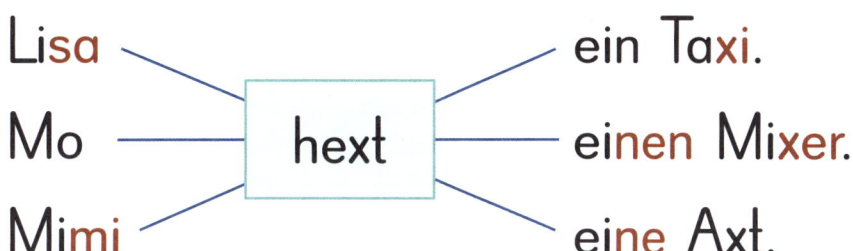

Lisa ———— ein Taxi.

Mo ———— hext ———— einen Mixer.

Mimi ———— eine Axt.

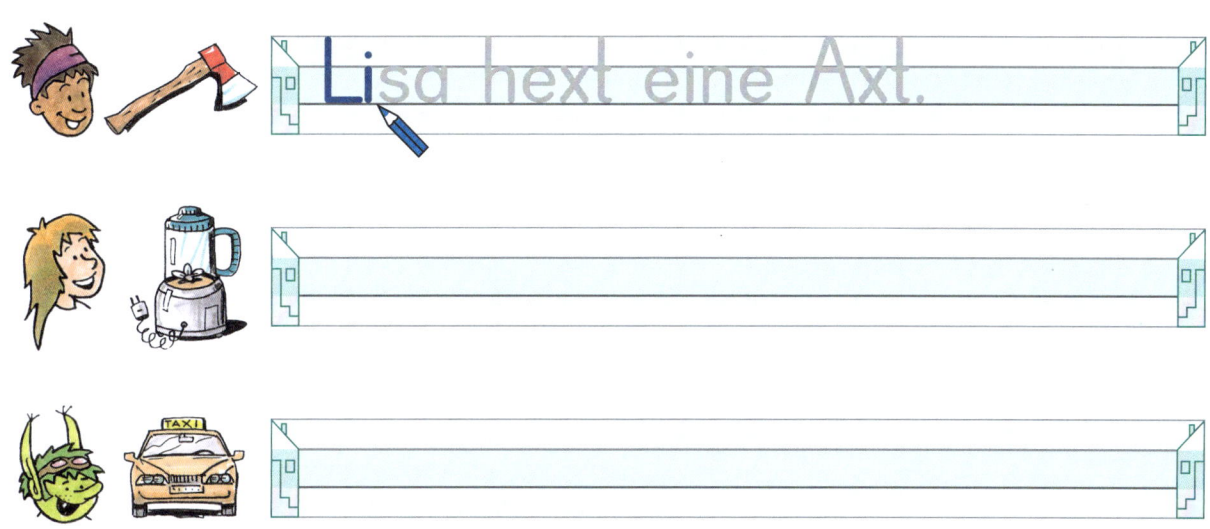

Lisa hext eine Axt.

2

Taxi   ~~Hexe~~   Raben   hext

Trixi ist eine   Hexe.

Heute   Trixi sich

ein   herbei.

Damit besucht sie den   .

Aufgabe 1: Name (Subjekt), Verb (Prädikat) und Nomen (Objekt) zusammenfügen und zum passenden
Bild schreiben
Aufgabe 2: Lückentext lesen und Wörter aus Kasten einsetzen

87

Schreiben

1 Steckbrief

Mein Name:

So alt bin ich:

Das spiele ich gern:

Meine Wünsche:

APP

Y y

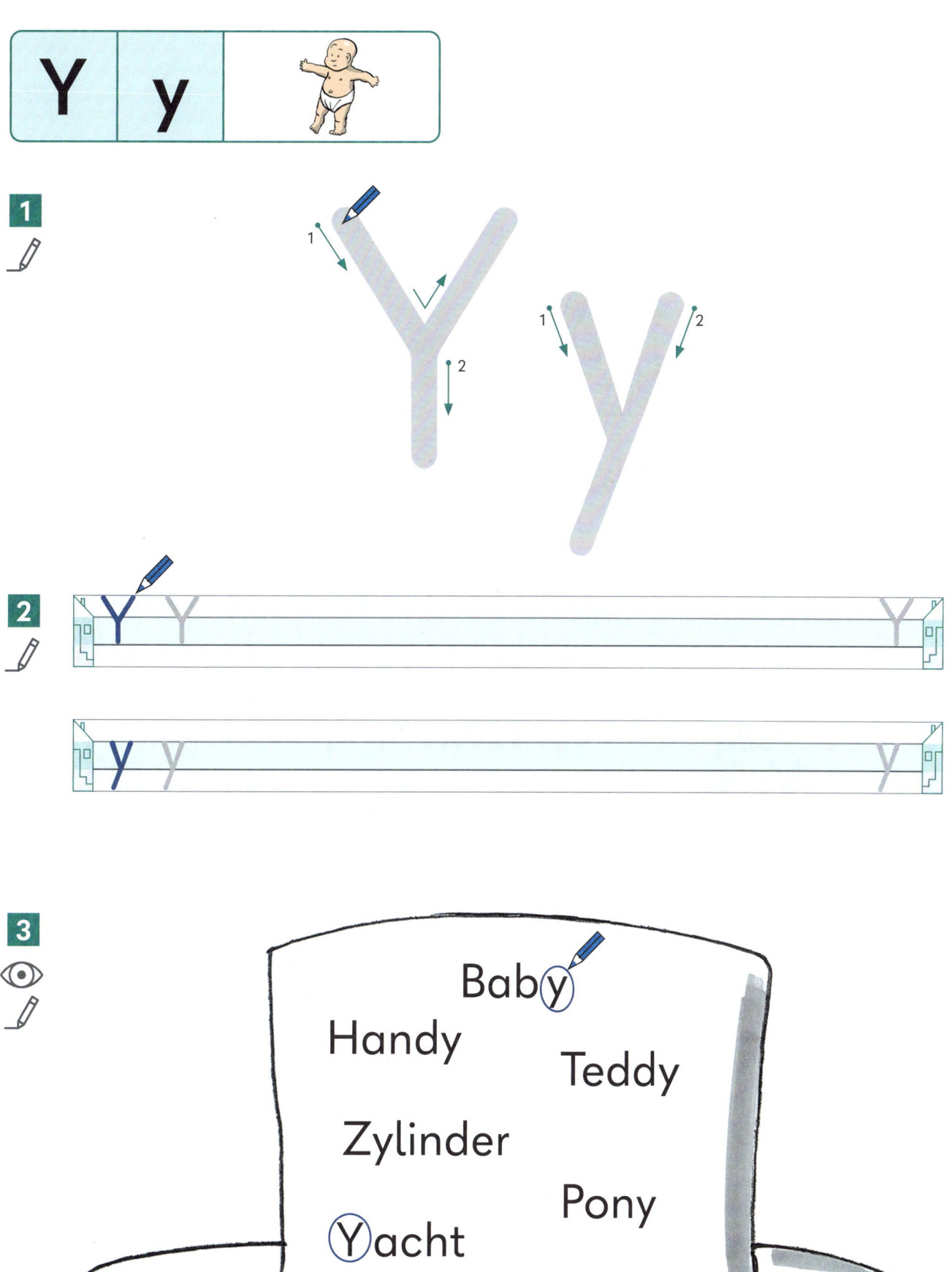

1

2

3

Baby

Handy

Teddy

Zylinder

Pony

Yacht

Pyramide

Yak

Xylofon

Aufgabe 1: Y/y nachspuren
Aufgabe 2: Y/y nachspuren und Restzeile entsprechend füllen
Aufgabe 3: Y/y einkreisen

APP   **89**

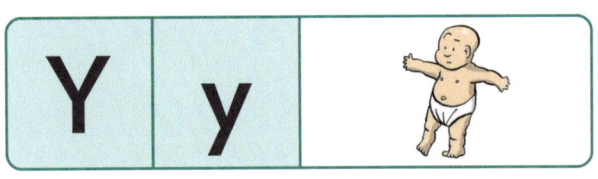

Am Telefon

Hey Klara, was gibt es?

Hallo Lilly, meine Tante hat heute Nacht ein Baby bekommen. Jetzt habe ich eine Kusine. Ich brauche unbedingt ein Geschenk.

Ein Teddy wäre doch toll. Wollen wir zusammen einen kaufen gehen?

Super Idee! Kannst du heute?

Ja, aber ich habe erst noch Boxen.

Kein Problem, ich muss noch Mathe machen.

Dann schicke ich dir mit dem Handy eine Nachricht, wenn ich fertig bin.

Gute Idee! Bis nachher, Lilly.

1 Lilly überlegt:

Wie schreibt man eine Nachricht auf dem Handy?

☐	Klara auswählen
5	Nachricht absenden
2	Sprechblase antippen
1	Handy entsperren
☐	Text schreiben

Aufgabe: Text in Sprechblasen lesen
Aufgabe 1: Frage und Arbeitsschritte lesen, in die richtige Reihenfolge bringen, Zahlen eintragen

91

Y y

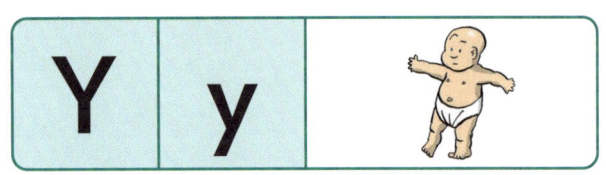

1

So klingt das Ypsilon:

manchmal wie I, i

Baby

Pony

manchmal wie Ü, ü

Gymnastik

Python

manchmal wie J, j

Yak

Yacht

2

~~der~~   der   die   die   das   das

der Teddy   Zylinder

Handy   Python

Yacht   Pony

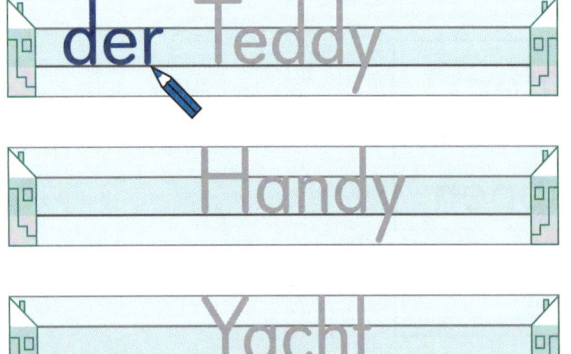

Aufgabe 1: Text zu den verschiedenen Lautungen des Y/y lesen und Bilder benennen
Aufgabe 2: Artikel dem Nomen zuordnen und aufschreiben, Nomen nachspuren; Selbstkontrolle über Bilder mit
Artikelpunkten

1

Ist das ein Pony?

Ja, das ist  ein Pony.

Ist das ein Teddy?

Ja, das ist 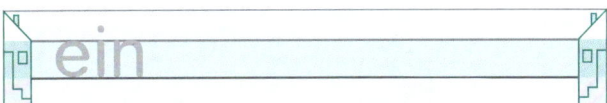 ein

Ist das ein Rabe?

Nein, das ist  ein

2

Teddy   B~~ab~~y   Handy

Klaras Tante hat ein 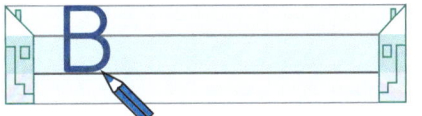 B bekommen.

Klara möchte ihrer Kusine

einen  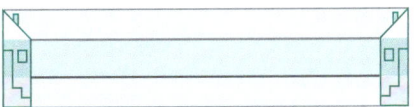 schenken.

Sie ruft Lilly auf dem 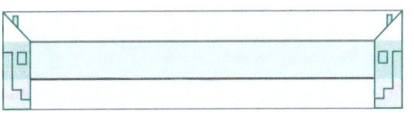 an.

Aufgabe 1: Begriff benennen, Frage lesen und Antwort vervollständigen
Aufgabe 2: Lückentext lesen und Wörter aus Kasten einsetzen

93

Das kann ich schon

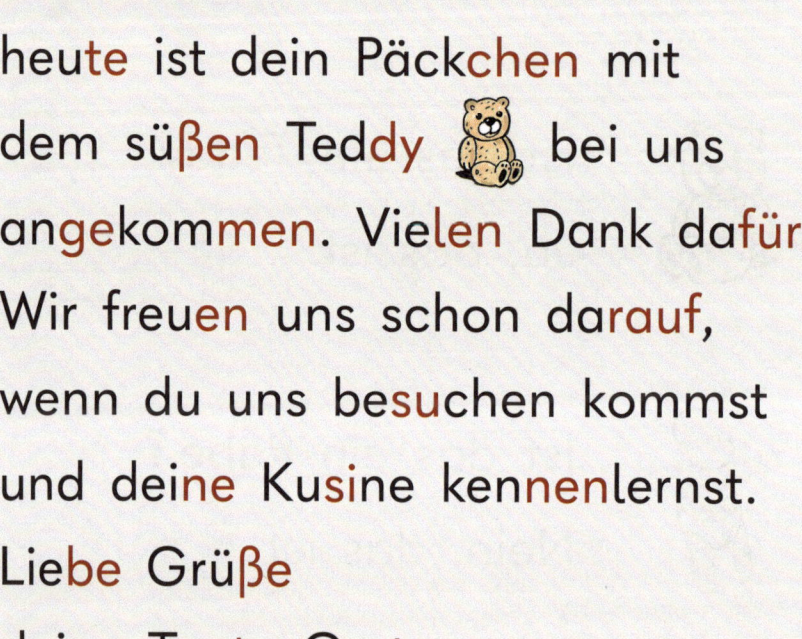

Hallo Klara,

heute ist dein Päckchen mit dem süßen Teddy 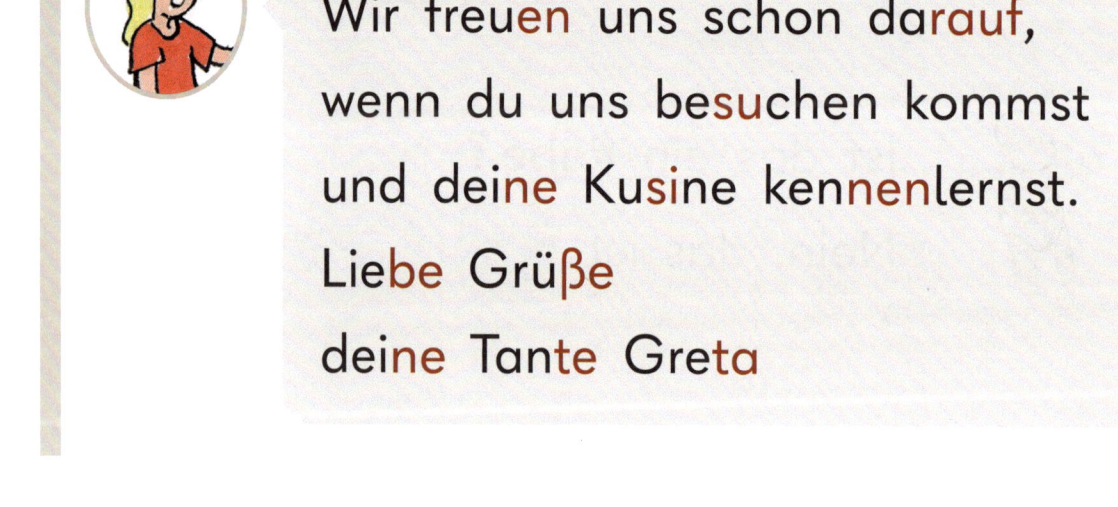 bei uns angekommen. Vielen Dank dafür. Wir freuen uns schon darauf, wenn du uns besuchen kommst und deine Kusine kennenlernst.

Liebe Grüße

deine Tante Greta

Jahr

1 Jahr

denken

denken

Quatsch

Quatsch

Aufgabe: Text lesen
Aufgabe 1: Grundwortschatzwörter lesen, Wörter schreiben und Silbenbögen setzen

Wörterliste

C c

Clown

Computer

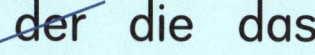

der die das

der Clown

J j

Jacke

jaulen

jubeln

d   Jacke

Qu qu

Qualle

Quark

Quartett

d   Quartett

X x

Xylofon

Y y

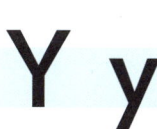

Baby

Wörterliste in alphabetischer Reihenfolge mit eingeführten Wörtern.
Artikel dem richtigen Nomen zuordnen, Artikel schreiben und ausstreichen, Nomen nachspuren

95

Erstlesen

Themenheft 3

Erarbeitet von:	Redaktion Grundschule
auf der Grundlage	
der Ausgabe von:	Iris Born, Katharina Förster, Monika Hartkopf, Solveig Haugwitz,
	Volker Hintsch, Adelheid Langenbruch, Inka Frümbel
Redaktion:	Kirsten Pauli, Josephine Weigang
Umschlagillustration:	Christian Nusch
Gesamtgestaltung:	Heike Börner, orangerie-grafikdesign
Umschlaggestaltung,	
Layout und	
technische Umsetzung:	Klein & Halm, Grafikdesign, Berlin
Illustrationen:	Roland Beier und Christian Nusch

www.cornelsen.de

1. Auflage, 1. Druck 2025

Alle Drucke dieser Auflage sind inhaltlich unverändert und können im Unterricht nebeneinander verwendet werden.

© 2025 Cornelsen Verlag GmbH, Mecklenburgische Str. 53, 14197 Berlin, E-Mail: service@cornelsen.de

Druck: Athesiadruck GmbH, Bozen

ISBN 978-3-464-81575-5

PEFC-zertifiziert
Dieses Produkt
stammt aus
nachhaltig
bewirtschafteten
Wäldern und
kontrollierten Quellen

PEFC/18-31-166   www.pefc.de